名师工程 创新课堂系列

新课程·新理念·新教学
丛书编委会主任：马立 宋乃庆

初中英语
主题阅读的构建

CHUZHONG YINGYU ZHUTI YUEDU DE GOUJIAN

孙铁玲 ◎ 著

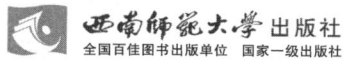

西南师范大学出版社
全国百佳图书出版单位 国家一级出版社

图书在版编目（CIP）数据

初中英语主题阅读的构建/孙铁玲著. —重庆：西南师范大学出版社，2019.12
ISBN 978-7-5697-0117-3

Ⅰ.①初… Ⅱ.①孙… Ⅲ.①英语－阅读教学－教学研究－初中 Ⅳ.①G633.412

中国版本图书馆CIP数据核字（2019）第292294号

名师工程系列丛书

编委会主任：马　立　宋乃庆
总　策　划：周安平
策　　　划：李远毅　卢　旭　郑持军　郭德军

初中英语主题阅读的构建

孙铁玲　著

责任编辑：	任志林
特约编辑：	汪红英
封面设计：	天之赋设计室
出版发行：	西南师范大学出版社
	地址：重庆市北碚区天生路1号
	邮编：400715　市场营销部电话：023-68868624
	http：//www.xscbs.com
经　　销：	新华书店
印　　刷：	重庆紫石东南印务有限公司
幅面尺寸：	170mm×240mm
印　　张：	13.5
字　　数：	178千字
版　　次：	2020年6月　第1版
印　　次：	2020年6月　第1次印刷
书　　号：	ISBN 978-7-5697-0117-3
定　　价：	39.00元

若有印装质量问题，请联系出版社调换
版权所有　翻印必究

《名师工程》系列丛书

学术指导委员会

主 任　顾明远

委 员　陶西平　李吉林　钱梦龙　朱永新　顾泠沅　马　立
　　　　朱小蔓　张兰春　宋乃庆　陈时见　魏书生　田正平
　　　　张斌贤　靳玉乐　石中英　钱理群

编撰委员会

主 任　马　立　宋乃庆

编 委　卞金祥　曹子建　陈　文　邓　涛　窦桂梅　冯增俊
（按姓氏拼音排序）
　　　　高万祥　郭元祥　贺　斌　侯一波　胡　涛　黄爱华
　　　　蓝耿忠　李韦遴　李淑华　李远毅　李镇西　李力加
　　　　李国汉　刘良华　刘海涛　刘世斌　刘扬云　刘正生
　　　　林高明　鲁忠义　马艳文　缪水娟　闵乐夫　齐　欣
　　　　沈　旎　施建平　石国兴　孙建锋　孙志毅　陶继新
　　　　田福安　王斌兴　魏　群　魏永田　吴　勇　肖　川
　　　　谢定兰　熊川武　徐　斌　徐　莉　徐　勇　徐学福
　　　　徐永新　严永金　杨连山　杨志军　余文森　袁卫星
　　　　张爱华　张化万　张瑾琳　张明礼　张文质　张晓明
　　　　张晓沛　赵　凯　赵青文　郑忠耀　周安平　周维强
　　　　周亚光　朱德全　朱乐平

《名师工程》系列丛书

征稿启事

《名师工程》系列丛书是西南师范大学出版社策划、组织出版的大型系列教育丛书。丛书以新课程下的新教学为背景，以促进施教者的教育能力为落脚点，以提高教育质量、提升教师水平为宗旨。

丛书首批推出的"名师讲述""教学提升""教学新突破""高中新课程""教师成长""大师讲坛""教育细节""创新语文教学""教育管理力""教师修炼""创新数学教学""教育通识""教育心理""创新课堂""思想者""名师名课""幼师提升""优化教学""教研提升""名校长核心思想""高效课堂""创新班主任""教育探索者""名师解码""名师教学手记""国际视野"等系列，共200余个品种，其余系列也将陆续出版。为了让广大教师有一个交流、借鉴的机会，同时也为了给广大教师提供更多、更好的图书，《名师工程》系列丛书编辑出版委员会特向全国教育工作者征集稿件。

稿件要求：

1. 主题鲜明、新颖，有独创性。
2. 主题以提升教育能力为主，也可适当外延。
3. 主题要有一定规模、有典型案例支撑。
4. 案例要贴近教育实际，操作性强。
5. 文章、书稿结构清晰，语言精彩。

书稿作者在选题确定之后，请及时与我们做好沟通，具体事宜确定好之后再进行创作；也欢迎用已经完稿的稿件投稿。一线教师如希望参与图书案例的创作，可联系我社策划机构，由策划机构备案，在适合的图书中参与创作。

真诚欢迎各位教师踊跃投稿。

联系方式：

西南师范大学出版社高教分社北京策划部
电话：010-68403096
E-mail：guodejun1973@163.com

序

喜闻铁玲老师撰写的《初中英语主题阅读的构建》一书即将出版，我欣然应邀为她的这一重要成果作序。在高中英语新课程提出主题意义探究的语言教育理念后，全国中小学开始关注并探索这一理念在课堂中的实施途径，本书的出版为广大初中英语教师新课程理念的学习，学生英语学科核心素养培养的落实提供了必要的理论基础和重要的实践启示、借鉴。

与铁玲老师相识已有十余年，当时作为海淀区高中英语青年教师，她参加了北京师范大学与海淀区合作的指向培养研究型高中英语教师的行动研究课题。该课题旨在通过构建高校、区域和学校三方合作的新型教研机制，促进高中英语教师的专业发展。那时的铁玲老师和很多其他教师一样，自愿加入课题组，选择要成为一名研究型教师。对很多教师来说，在繁重的教学任务之余参加课题活动，特别是一项非行政或学校硬性要求的课题，教师要自愿自觉地投入研究，实属不易。整个课题的执行期为两年，课题组组织了多次集中培训、研究进展交流、读书分享、课题专项指导和个别下校听课指导活动。

课题开展期间，在专家团队的指导下，每位成员都针对自己教学中的问题进行了分析、研究，包括调查和分析数据，设计和实施方案，改进教学并评价改进效果等，最后才完成研究报告的撰写。对每位教师来说，他们要转变教学理念，学习新的知识和技能，就要投入很多精力去深入研究自己的教学和自己的学生，而能够完成研究报告的都是那些怀有深厚的教育情怀、教学热情，勇于挑战自我，有目标、追求、执行力和学习力的教师。事实也证明，当年这批完成课题研究的30多位教师，几乎都成为海淀区高中英语学科的教学骨干和学术带头人，还有几位教师被评为特级教师。

语言学习是教师普遍关注的热点，但是多数教师认为学生因为受语言能力的限制，不可能用英语进行思维，更何况思维能力也不是考试的重点。但是，我十分惊喜地发现，铁玲老师在那次的研究项目中就选择了在阅读教学中发展学生的创造性思维这个专题，这在当时众多的选题中是非常具有挑战性的，她通过努力改变教学方式，给学生思维能力的发展带来了可喜的变化。这说明，铁玲老师一直就是一位关注学科前沿发展动向，敢于挑战自我，有个人主见，对英语教学有更高追求的教师。后来，在专家团队的帮助下，她实施了基于主题意义探究的学生语言和思维能力协调发展的课题研究，她的论文也在正式的刊物上得以发表。我想这是她专业成长过程中的一个重要节点，因为现在的她已经成为海淀区教师进修学校中学英语教研室的主要负责人。

本书源于铁玲老师主持的2015年海淀区教育科学"十三五"规划课题，课题历时三年多，本书的出版就是她主持的课题所取得的成果，其中，既有理论提炼，又有实践方法。该课题聚焦通过指导教师开展主题阅读，达到促进学生在主题阅读的意义构建中发展语言能力、思维品质、文化意识和学习能力的目的。

在三年多的时间里，铁玲老师脚踏实地地带领课题组成员，以英语课程标准的新理念为指导，通过提炼主题，构建起了初中英语单元主题的教学体系。他们围绕主题筛选出了多个适合学生的不同体裁的语篇，并开展了一系列的主题阅读教学活动。在不同课型中融入对比、联想、归纳和评价等体现学生高阶思维的阅读活动，确保学生的阅读能力和思维品质得到同步的发展。在学生基于主题广泛阅读的基础上，开展精读课、泛读课、读写结合课，培养学生通过阅读激发写作兴趣，搭建写作框架的能力，引导学生通过阅读积累主题词汇，为写作语言的锤炼打好坚实的基础。此外，在主题阅读主题体系构建中，他们还有意识地精选了有利于培养学生文化意识的素材，以培养学生的跨文化交流能力。

本书具有以下几个突出的特点：

1.既有基于主题阅读的理论支持,又有广泛扎实的教学实践案例,以主题统领教学单元,引导学生在主题下进行意义构建,积累知识,形成能力。

　　2.将英语学科核心素养的四个要素有机地融入主题阅读的构建中。无论是精读课还是泛读课,均以新颖的方式外显学生阅读理解的思维过程,突出对学生思维品质的培养,同时还阐释了如何在培养语言和思维能力的同时,融入对学生文化意识的培养。

　　3.语言朴实,写作方式和写作风格便于读者阅读和理解。每个章节首先呈现该章节的理论依据,然后是典型案例的阐释,所选案例均为海淀区区级研究课课例,力求展现整个教学设计过程中师生的课堂互动、思考和效果。

　　本书的出版为广大中学英语教师落实立德树人的课程目标和以主题意义探究为途径的课程实施途径提供了示范,相信一定会为广大读者带去宝贵的教学与研究的参考,为推动学科育人、培养学生的英语学科核心素养助力。

北京师范大学　王蔷
2020年3月11日于北京

目录

第一章 初中英语主题阅读的概念和相关理论 / 1
　　第一节　阅读理解的概念 / 3
　　第二节　初中英语阅读教学存在的问题 / 5
　　第三节　主题阅读的概念及相关理论 / 8

第二章 初中英语主题阅读主题体系的构建 / 15
　　第一节　主题体系的构建 / 17
　　第二节　主题阅读素材的搜集和筛选 / 21
　　第三节　主题阅读的活动设计 / 33
　　第四节　主题阅读的评价设计 / 51

第三章 初中英语主题阅读的精读课活动设计 / 57
　　第一节　问题链引导学生逐层探究主题意义 / 60
　　第二节　激发学生提问，促进学生深度解读文本 / 68

第四章 初中英语主题阅读的泛读课活动设计 / 85
　　第一节　学生横向建立文本联系，感悟主题意义 / 88
　　第二节　学生纵向建立文本联系，深化主题理解 / 98

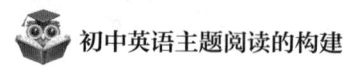

第五章	初中英语主题阅读的读写结合课活动设计 / 113
	第一节 "科技点亮未来生活"主题阅读读写结合课设计案例 / 116
	第二节 "与旅游爱好者同行"主题阅读读写结合课设计案例 / 130

第六章	初中英语主题阅读与听说教学相结合 / 151
	第一节 主题阅读与视、听融合的教学 / 154
	第二节 主题阅读促进听说能力发展 / 160

第七章	初中英语主题阅读与文化意识的形成 / 177
	第一节 吉祥物的文化内涵 / 180
	第二节 中国传统文化物品之美 / 187

参考文献 / 199

后　记 / 202

第一章　初中英语主题阅读的概念和相关理论

第一节 阅读理解的概念

阅读是人们日常生活中一件非常普通的事情,但是从阅读研究的角度来看却是非常复杂的活动。阅读的定义有很多种,比如,

(1)阅读理解=解码(decoding)×语言理解(language comprehension)。

(2)阅读是从页面抽取视觉数据和理解篇章意义的能力。

(3)阅读是对某一特定篇章进行解码和解释的具体而自愿的行为。

(4)阅读是人类从书面文字中获取语言信息,并据以构建意义的历程及行为。

(5)阅读是一种从书面言语中获得意义的心理过程。阅读也是一种基本的智力技能,这种技能是取得学业成功的先决条件,它是由一系列的过程和行为构成的总和。阅读活动的结果不是机械地把原文说出来,而是要通过内部言语,用自己的话来理解或改造原文的句子和段落,从而把原文的思想变成读者的思想。[①]

以上的定义明显体现出一个共识:阅读是"解码"和"理解"两者的结合。"解码",即读者注视印刷或电子读物,将一般以黑色线条表现的符号辨认出来,把辨认出来的符号与语言中的词汇联系、对应起来,赋予该符号以意义。"理解"则是阅读的高层次处理过程。我们认为,在读者亲身经历的阅读活动中,"解码"和"理解"并不是拆解开,此先彼后进行的。一个成熟的读者可以通过有效率的眼球移动,定位在大部分的符号上,然后处理每一个符号;也可以先备知识为基础进行推论,而且熟练的阅读一定是由下而上和由上而下的历程交互作用而成的。

阅读理解是书面信息与读者大脑中已有知识有机结合、阅读环境与读者相互作用、不断推进和发展的动态过程。在这一过程中,读者不再单

[①] 谢锡金,林伟业. 提升儿童阅读能力到世界前列[M]. 北京:北京师范大学出版社,2013.

纯、被动地从字面上去理解作者所表达的思想，而是能动地、创造性地去理解作者所表达的意义。

王彩琴在《内容阅读教学：实现英语课程工具性与人文性统一的途径》一文中指出，"在心理学意义上，阅读是读者对由视觉输入的语言文字符号的信息进行解码，获取作者想表达的信息的活动，这一活动是一个心理过程，影响读者对信息进行解码的，是读者已有的经验，也就是图式"。①

笔者认为，阅读教学就是在教师的引导下，学生与文本进行"解码"和"理解"的对话过程。学生是阅读的主体，阅读理解的过程就是学生在教师的引导下获取信息，构建新知识，不断更新自己对阅读文本意义的理解的过程。这一过程是教师、学生、文本三者之间的动态对话过程。这个动态过程可以用图1-1加以展示。

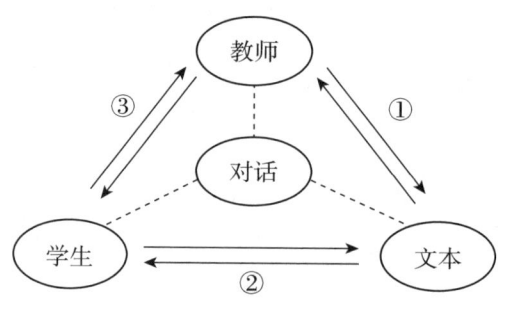

图1-1　阅读理解的对话过程

在阅读教学中，阅读理解的动态过程始于教师与文本的对话。教师对文本的理解和价值定位决定了学生与文本对话的方向和高度。因此，教师应反复阅读文本，从文本的主要内容、主题意义，作者的写作意图、写作手法、语言特点等方面充分解读文本，从而确定学生与文本进行对话的目标。在课堂阅读教学过程中，教师导航学生与文本的对话过程，充分发挥自己引导者、促进者和支持者的作用，引导学生与文本进行对话。在学生与文本对话的过程中，教师首先要激活学生对文本话题背景知识的初步理

---

① 王彩琴. 内容阅读教学：实现英语课程工具性与人文性统一的途径[J]. 课程·教材·教法，2012（6）.

解，然后通过阅读问题或阅读活动，引导学生逐渐构建文本的主题意义。在导航的过程中，教师不能将自己对文本的理解强加给学生，而是要通过问题启发学生自我构建文本意义。当学生构建文本意义时，可以使用思维导图等工具，把对文本的理解进行结构化梳理。梳理的过程，就是学生对文本意义构建的思维外显过程。在学生与文本意义构建的对话过程中，教师与学生的对话隐含其中，它可能是学生构建卡壳时教师的一个追问，也可能是学生构建高度难以突破时教师抛出的一个高阶思维问题，还可能是学生对文本的理解超出教师预想时，师生之间的思维碰撞和争论。总之，阅读理解的对话过程是一个以学生为本、生成性强、过程开放、关注主题意义的动态过程。

第二节　初中英语阅读教学存在的问题

"得阅读者得天下"是很多英语教师对阅读教学的普遍性认识，然而，英语的阅读教学现状如何呢？

王蔷在《核心素养背景下英语阅读教学：问题、原则、目标与路径》一文中指出，目前，有些中小学开展的阅读课并不能称为真正的阅读教学，因为这些阅读课程的教学内容仍局限于语言、词汇、语法知识等，并没有很好地依托学科内容，教授语篇背后所要传达给学生的寓意，这使许多"育人"的想法只停留在口号层面。所以说，这种阅读教学具有很大的局限性，究其原因，主要包括以下几个方面。

第一，课时层面。国内中小学受课时的限制，阅读课程设置较少，尤其是在中学阶段，由于学生面临中考和高考，学校在课程安排上更趋向设置应试类课程。

第二，教学材料层面。国内中小学教材的容量有限和阅读材料不足的问题也使阅读教学在中小学课堂上很难真正展开。

第三，教学理念层面。在英语阅读教学方面，很多教师仍然认为词汇和语法知识才是教学的重点，从而忽视引导学生学习词汇背后的文化概念、理解文本背后的意义，以及更好地把握语言学习、文体结构和主旨思想三者之间关系的能力，这样的阅读教学使学生获得的知识呈"碎片化"状态。

第四，阅读引导层面。教师在英语阅读教学上缺乏专业指导，这是造成阅读教学局限性的重要因素之一。

在阅读教学理念和阅读引导层面，孟碧君在《从一次同课异构活动谈英语阅读素养在课堂教学中的落实》一文中指出，"目前阅读教学中存在以下问题：重视培养学生的阅读能力，却忽视学生阅读品格的培养；重视学生阅读习惯的养成，却忽视学生内在阅读体验的构建，导致学生缺乏与文本积极互动的能力"。①

笔者通过课堂观察，也发现教师在落实阅读教学理念和实施阅读教学中存在如下问题：

第一，语篇意识淡薄。

语篇是语言学习的主要载体，学生应该通过阅读语篇，在真实且相对完整的语篇中接触、理解、学习和使用语言。但是，很多教师在引导学生阅读语篇时，只关注语篇中片段的、零散的信息，或者模式化地带领学生进行语篇分析，导致学生没能构建出完整的语篇知识结构，无法根据语篇特征读出语篇的内涵，更无法形成良好的语篇意识。

第二，文本意义理解表层化。

很多教师设计了多种阅读任务，但大都聚焦文本的表层信息理解，使得学生的思维活动处于布卢姆认知目标分类理论的记忆、理解和应用等低阶思维状态，根本没有使用分析因果、论证观点、预测想象、评价、创造等高阶思维能力的空间和机会。此外，教师在读中活动的设计中，倾向于引导学生概括段落主旨并逐段进行阅读，获取细节信息等阅读技能训练。阅读技能的训练有助于学生阅读能力的提高，但是当阅读技能训练长期成为阅读的主线时，学生就会缺乏与阅读文本真正意义上的互动，缺乏对文本主旨的理解和探究，缺乏联系自身实际的机会，缺乏与文本、作者和自

---

① 孟碧君.从一次同课异构活动谈英语阅读素养在课堂教学中的落实[J].中小学外语教学（中学篇），2018（9）.

身进行对话的过程,势必体会不到阅读的兴趣,难以真正喜欢阅读。

第三,阅读过程边缘化。

阅读过程是教师引导学生构建文本意义的过程,学生应该成为文本意义构建的主体。但是,在很多阅读环节,教师习惯性地替代学生思考。例如,在概括语篇段落主旨时,教师会设计匹配段落主旨和各个段落的活动。事实上,学生在进行匹配的过程中,只要把段落主旨中的关键词与段落进行匹配即可,最多是识记和简单理解的层面,根本谈不上概括的思维。再如,教师在让学生获取信息时,经常会设计学生阅读、填表格的活动。在填表前,学生并没有构建起表格框架的结构信息。填表时,学生不需要思考表格框架层面的信息,只是根据表格框架逻辑获取细节信息而已,高阶思维得不到发展。此外,教师往往不能给学生留下足够的阅读时间,常常是用自己的讲解和剖析代替学生的独立阅读和思考。这些代替或取消学生进行高阶阅读思维的活动,以及剥夺学生充分阅读时间的行为,都使得学生的阅读过程不完整、不充分。

第四,文本阅读与学生实际脱离。

阅读素养就是与文本进行积极互动的能力,阅读就是读者基于文本和已有知识、经验构建新意义的过程。而许多教师只重视培养学生的文本解码能力和理解能力,缺乏将文本与学生实际联系的能力,难以找到学生情感的共鸣点,自然不能带领学生在阅读过程中进行融入式的情感体验。

总之,阅读课的素材选择、设计和实施理念、实际操作等问题,都极大地影响了阅读的实效,操作不好,会使一部分学生不能养成良好的英语阅读习惯,学生也就体会不到阅读的乐趣,进而导致阅读和写作能力提升缓慢。

第三节　主题阅读的概念及相关理论

一、主题阅读的概念

对主题阅读教学的探索很多集中在语文学科的教学当中。文献研究显示，不同的研究者对主题阅读进行过不同的定义。

周永华在《主题阅读的理念、流程及意义构建》一文中提到，"所谓'主题阅读'是指围绕一个主题，在充分重视学生个体经验的基础上，通过具有共同主题的多个文本的理会研习和碰撞交融，在重过程的生成理解中，实现文本主题意义构建的一种开放性的阅读实践活动"。[①]

祝新华和廖先在《通过主题阅读提升学生的阅读素养：理念、策略与实验探索》一文中提到，"主题阅读也称主题式广泛阅读活动，其主要特点是学生确定感兴趣的主题并围绕该主题选取适合读物进行广泛阅读，同时积极参与读者社群互动交流活动（社群互动）的阅读。在这一过程中，教师给予适当导读及评估"。[②] 这种主题式广泛阅读活动应首先确定阅读素养的几个基本元素，如形成阅读理解能力，参与读者群体活动，学会运用所读信息，体验阅读乐趣等，并开展实验探索研究如何确定合适的主题，如何在阅读过程中加强指导，如何实施促进学习的评估来开展主题阅读活动。

罗光辉、陈兵安和李奇志在《小学语文"坐标式"主题阅读教学研究与实践》一文中提到，"'主题阅读'即以语文教材为中心，根据教材的编排体系，提炼出阅读主题，在课堂教学中渗透，在课外阅读中引导，让课内阅读成为课外阅读的凭借和依托，课外阅读成为课内阅读的扩展和补

[①] 周永华. 主题阅读的理念、流程及意义构建[J]. 教育研究与评论（中学教育教学），2012（10）.

[②] 祝新华，廖先. 通过主题阅读提升学生的阅读素养：理念、策略与实验探索[J]. 教育研究，2013（6）.

充，提高小学生的阅读能力"。[①]因此，他们通过研究课内外阅读材料的主题统一和整合，提出了"坐标式"主题阅读的方法——主要是以教材的单元主题为圆心，以课内外阅读时间为横坐标，以与教材主题相联系的阅读材料为纵坐标，拓展小学生语文阅读量。

近年来，对主题阅读在英语教学中的研究也有了一定的进展。比如，侯嘉慧[②]在小学高年级研究主题阅读教学，她认为主题阅读是以教材主题为主线，将课内阅读与课外阅读有机地整合在一起，将阅读由课内习得迁移到课外的应用，实现"得法于课内，得益于课外"的阅读教学方式。再如，张会萍[③]认为主题阅读是目的更为明确的阅读，如果将阅读和口语输出活动结合起来，会使口语表达更加有效。因此，她开始研究基于主题阅读的有效英语口语输出，通过口语输出任务的设计来促进学生课外主题阅读的开展。这些主题阅读教学方式，大多是课内指导学生学习阅读方法，课外进行围绕主题的阅读，但是对于刚进入七年级的学生来说，阅读的习惯和自觉性还没有形成，阅读兴趣还有待激发，阅读能力的培养还需要通过课堂教学得到进一步的提升。

本书所提出的主题阅读是指根据教材中的主题，选出与学生的语言水平相适应的多篇相同主题的文本，将提取、对比、联想、归纳和评价等阅读策略运用在阅读课堂教学中的一种教学方法。这是一种以学生为主体，以学生自主阅读为主、课堂讨论为辅的教学方法。它不仅能够丰富阅读教学的内容，拓展学生的阅读视野，还能够让学生掌握同一主题的大量词汇，对相同主题的文本的结构和内涵有更好的把握，从而提高学生的阅读理解水平。

二、主题阅读的相关理论

按照主题进行阅读，实际上就是按照主题来整合素材，让阅读课程

---

① 罗光辉，陈兵安，李奇志. 小学语文"坐标式"主题阅读教学研究与实践[J]. 当代教育理论与实践，2014（9）.
② 侯嘉慧. 主题阅读：开放性英语阅读教学的新尝试[J]. 江苏教育，2012（13）.
③ 张会萍. 基于主题阅读的有效英语口语输出[J]. 苏州教育学院学报，2013（6）.

化。从课程要素来看，主题阅读的开展需要围绕目标、内容、过程和评价四个方面进行设计。

在主题阅读的目标设计上，一方面要培养学生的阅读能力，另一方面要激发学生的阅读兴趣。

布卢姆认知目标分类理论可以作为设计激发学生思维深度参与的工具，其中的认知过程维度的类别为目标所包括的学生的认知过程提供了一个全面的分类参考。认知过程维度既包括记忆/回忆、理解和应用等低阶认知目标，还包括分析、评价和创造等高阶认知目标。认知过程维度的六个主类别又各自包含两个或更多具体认知过程。这些具体认知过程总共有19种，其英文名称采用了动名词形式，即在词尾添加"ing"，以示与六个主类别的区别（见表1-1）。①

表1-1 认知过程的六个类别及相关认知过程

过程类别	认知过程
1. 记忆/回忆（remember）——从长时记忆库中提取相关的知识	识别（recognizing） 回忆（recalling）
2. 理解（understand）——从口头、书面和图像等交流形式的教学信息中建构意义	解释（interpreting） 举例（exemplifying） 分类（classifying） 总结（summarizing） 推断（inferring） 比较（comparing） 说明（explaining）
3. 应用（apply）——在给定的情景中执行或使用程序	执行（executing） 实施（implementing）
4. 分析（analyze）——将材料分解成它的组成部分，确定部分之间的相互关系，以及各部分与总体结构或总目的之间的关系	区别（differentiating） 组织（organizing） 归因（attributing）
5. 评价（evaluate）——基于准则或标准做出判断	检查（checking） 评论（critiquing）

---

① [美] 安德森（Anderson，L.W.）等.布卢姆教育目标分类学：分类学视野下的学与教及其测评（完整版）（修订本）[M].蒋小平，等，译.北京：外语教学与研究出版社，2009.

续表

过程类别	认知过程
6. 创造（create）——将要素组成内在一致的整体或功能性整体；将要素重新组织成新的模型或体系	产生（generating） 计划（planning） 生成（producing）

在开展主题阅读教学的过程中，如何使学生产生阅读兴趣，激发和维持其探究的欲望和热情是提高阅读能力的关键。在对学生学习动机的研究中，美国学者Keller提出了激发与维持学生学习兴趣的"ARCS动机模型"。该模型关注如何通过教学设计来调动学生的学习动机问题。Keller认为，有四个主要因素影响学生的学习动机：注意（attention）、关联（relevance）、信心（confidence）、满足（satisfaction）。具体而言，在进行教学设计时，教师首先要引起学生对一项学习任务的注意和兴趣（即attention）；其次，教师要使学生理解完成这项学习任务与自身的学习生活经验密切相关（即relevance）；再次，教师要使学生在完成这项学习任务后产生信心（即confidence）；最后，教师要让学生获得完成学习任务后的满足感（即satisfaction）。

主题阅读的内容选择需要紧紧围绕主题系统搭建。《普通高中英语课程标准（2017年版）》中提出了英语课程内容的六个要素：主题语境、语篇类型、语言知识、文化知识、语言技能和学习策略。英语课程内容的六个要素是一个相互关联的有机整体（见图1-2）。具体而言，所有的语言学习活动都应该在一定的主题语境下进行，即学生围绕某一具体的主题语境，基于不同类型的语篇，在解决问题的过程中，运用语言技能获取、梳理、整合语言知识和文化知识，深化对语言的理解，重视对语篇的赏析，比较和探究文化内涵，汲取文化精华；同时，尝试运用所学语言创造性地表达个人意图、观点和态度，并通过运用各种学习策略，提高理解和表达的效果，由此构成六要素整合英语学习活动观。因此，在英语阅读教学中，以主题统领和整合课程，有助于学生进行主题意义探究，并在探究中发展能力、习得策略、积累知识。

图1-2 六要素整合的英语课程内容图示

在主题阅读的内容选择上，选择内容丰富、题材贴近学生的认知需要和实际生活的阅读文本是进行主题教学首先要解决的问题。正如英国英语教学专家Harmer在《怎样教英语》一书中指出的，好的阅读材料要能介绍有趣的话题、激发讨论的欲望、激起有想象力的回应，使之成为多维的、令人着迷的课堂的平台。王蔷在《促进英语教学方式转变的三个关键词："情境""问题"与"活动"》一文中指出，教师阅读材料要能"准确捕捉学生有关该主题的生活经验，并从学生的认知和语言水平出发，创设充分的语境，铺垫必要的语言，让学生有经验可分享，有语言会表达，有兴趣来参与，使学生的生活经验成为学生学习该主题意义的源泉"。①

总之，主题阅读材料的选择需要突出它们与学生认知水平和生活经验的适宜度和关联性，使学生能够运用个体经验、已有知识和语言能力最大限度地参与到阅读过程中。然后，通过多样的活动激发学生情感的充分参与，逐层解构信息、整合信息，逐渐与已知建立联系，从而构建起对文本内涵的深入理解。

在主题阅读的过程中，阅读过程要以学生的主题意义探究为主线，保证学生思维的深度参与。那么，如何设计课堂活动，帮助学生在完成阅读的各项任务的过程中提升阅读能力呢？

在主题阅读的评价上，要充分体现评价的促学作用：要发挥评价对学生成为阅读的主体、阅读过程中思维深度参与、全面提升阅读素养、以阅读素养的提升促进写作能力提升等方面的作用。

---

① 王蔷.促进英语教学方式转变的三个关键词："情境""问题"与"活动"[J].基础教育课程，2016（5）.

Harmer[①]认为,成功的课堂语言学习过程有三个要素:投入(engage)、学习(study)、激活(activate)。投入就是教师努力激发学生的学习兴趣,促进其情感参与的阶段;学习就是学生聚焦信息获取或语言学习的阶段,此阶段的焦点是获取信息或构建语言;激活就是通过各种活动让学生自由地、交际性地使用语言,在使用语言的过程中将新的知识与原有的知识建立联系。无论什么教学内容,教学中都应该具有这三个要素,这三个要素可以按照"投入→学习→激活"(见图1-3)的顺序进行,也可以灵活调整这三个要素的顺序,如"投入→激活→学习→激活"(见图1-4)。

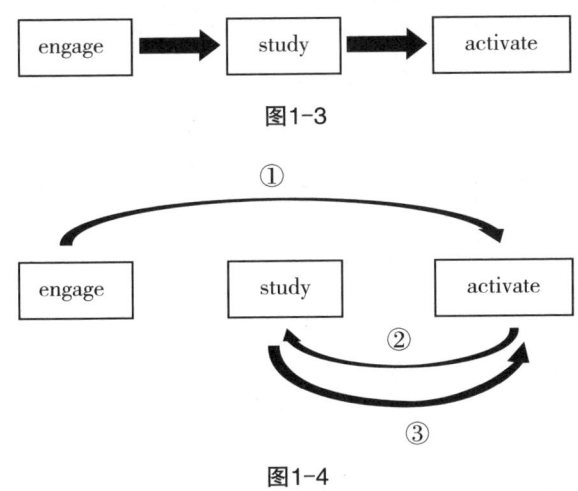

图1-3

图1-4

---

① [英]哈默(Harmer, J.). 怎样教英语[M]. 田贵森, 导读. 北京:外语教学与研究出版社, 2000.

第二章　初中英语主题阅读主题体系的构建

第一节　主题体系的构建

主题体系就像鱼骨一样，提纲挈领地支撑起了主题阅读的整个单元内容，使其成为一个相互联系、相互支持的有机整体。主题如同贯穿整个鱼身体的脊骨，次主题就如同鱼身体两侧的骨头。（见图2-1）

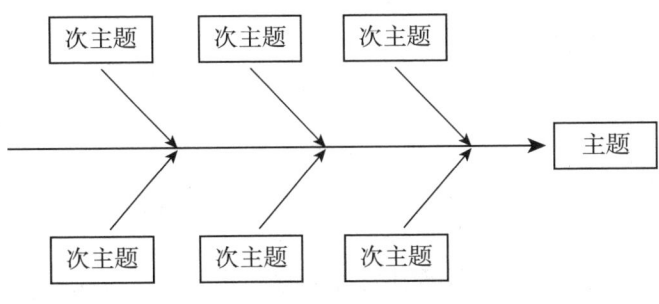

图2-1　主题体系结构示意图

那么，该如何构建有意义的单元主题体系呢？下面从新课和复习课两个方面来加以说明。

一、依据教材单元采取自下而上的方式构建新课的单元主题体系

下面以人教版英语七年级下册Unit 5. Why do you like pandas?为例说明自下而上构建主题体系的主要步骤。

1. 分析教材内容

本单元教材内容包括听力和阅读两个部分。听力部分的主要内容是同伴之间询问彼此喜欢的动物以及这种动物让人喜欢的特征，主要涉及的动物有老虎、熊猫、长颈鹿、考拉、狮子、大象。描述动物特征的形容词主要有cute, beautiful, interesting, friendly, scary, smart, lazy, shy。这部分文本内容只能提供动物名称和描述动物特征的形容词，没有提供其他支撑

信息。阅读部分是以网页的形式记叙了泰国学生想要保护大象、大象很聪明、大象处于濒危状态的原因这几方面的内容。这些教学内容不能满足学生的认知需求，需要教师对其进行补充和调整。因此，笔者带领教师构建了基于教材单元话题的主题体系，并且围绕主题选择了符合学生认知水平的阅读素材。

2. 了解学生的认知水平

笔者和其他教师一起在课下访谈学生对动物的了解。学生从小就见过很多动物，对动物的基本特征都有了初步的认识。学生还看过关于动物的科普节目和有关动物题材的电影，如《动物世界》《狮子王》《冰河世纪》《功夫熊猫》《疯狂动物城》等，对于动物的科普知识和动物的世界有比较广泛的认识。到了七年级，学生在生物课上也学习了关于动物的一些知识，如冬眠、动物的迁徙、食物链等。此外，他们还能列举出动物在各种赛事中被用作吉祥物以及动物与人之间发生的很多故事。从访谈中得知，学生对动物的认知渠道是多元的，但是知识零散、不成体系。

3. 基于学生的认知水平寻找话题概念，整合概念形成主题

通过与学生的课下交谈，我们看到学生现在的思维水平已经可以理解很多关于动物话题的概念，如动物的多样性、食物链、动物处于濒危状态、动物是人类的朋友等。将这些概念进行整合，即可得到符合学生认知水平的次主题和主题（见表2-1和图2-2）。教师可以精选与主题相关的、符合学生认知水平的文章供学生阅读，帮助学生逐步理解次主题，进而理解主题的内涵。

表2-1　动物话题下的主题体系

主题	次主题
更多地理解和关爱动物，才能回馈我们的动物朋友	①动物的多样性 ②不同的动物在食物链中处于不同的位置 ③动物是人类的朋友，是很多重要活动的吉祥物 ④动物处于濒危状态，需要保护

第二章 初中英语主题阅读主题体系的构建

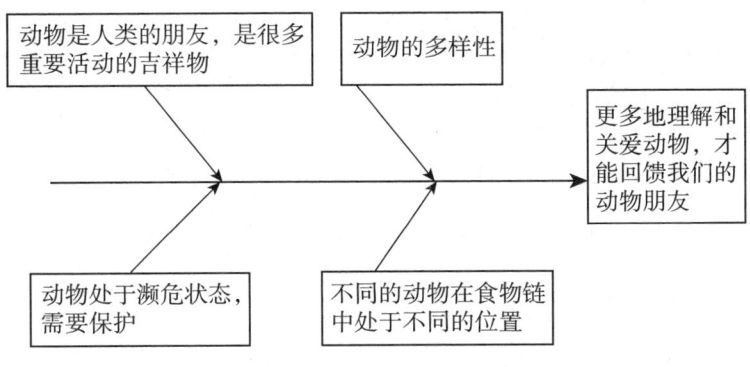

图2-2 动物话题下的主题体系

二、采取自上而下和自下而上相结合的方式确定复习课的单元主题体系

在"科普知识与现代技术"主题阅读的复习单元，笔者指导教师采取自上而下和自下而上相结合的方式确定单元主题体系，主要步骤如下。

1. 依据课程标准自上而下构建子话题

我们采用了自上而下的方式确定主题，然后围绕主题进行了主题阅读素材的搜集和筛选。在《义务教育英语课程标准（2011年版）》（以下简称"课标"）24个话题项目中，科普知识与现代技术（popular science and modern technology）话题下列出的子话题有四个，分别是数字与数据（figures and data）、科普知识（popular science）、发明与技术（inventions and technological advances）、信息技术（information technology）。我们首先围绕课标话题，搜集与这些子话题相关的尽可能丰富的阅读素材。

2. 围绕话题广泛搜集素材，根据子话题进行初步分类

我们从近几年北京市各区县期末、一模、二模、中考的百余套题、书籍以及网络中广泛搜集素材，把与"科普知识与现代技术"话题相关的素材都筛选了出来，并依据子话题进行了分类（见表2-2）。

表2-2 "科普知识与现代技术"主题精选文章

一级话题（课标）	二级话题	精选文章
科普知识	健康科普知识	（1）Computer Vision Syndrome（2012东城二模） （2）Hearing Loss（2011东城二模） （3）Earworms（2013海淀二模） （4）Feeling Sleepy in a Crowded Classroom（2014丰台一模） （5）Having Trouble Getting to Sleep at Night（2011丰台二模） （6）Hypothermia（2015西城期末） （7）Phobia（2014丰台一模） （8）Depression（2013丰台二模、2013海淀一模）
	自然科普知识	（1）Trans Fats（2012海淀一模） （2）Expiration Date（2014丰台二模） （3）Differences Between Two Sexes（2011石景山一模、2015朝阳期末） （4）Disordered Storm Systems（2012海淀二模） （5）A Form of ENERGY-HEAT（2012东城期末） （6）Stranding on a Lonely Island（2011中考） （7）Staying Safe During an Earthquake（2013丰台一模）
现代技术	制作与发明	（1）3D Glasses（2010西城一模） （2）Bandages and Medical Tapes（2014朝阳二模） （3）Patent（2012西城二模）
	现代技术与应用	（1）Technology and Firefighting（2012海淀期末） （2）Technology and Education（2014石景山期末） （3）Technology and Transportation（2015海淀期末）
	现代技术的利与弊	（1）Teenagers' Using Digital Search Tools（2015东城期末） （2）Genetic Testing（2013朝阳二模）

3. 依据话题中的相关概念提炼主题体系

有了话题中的一些概念之后，将概念间的关系加以整合后提炼出次主题和主题，从而建立起主题体系（见图2-3）。

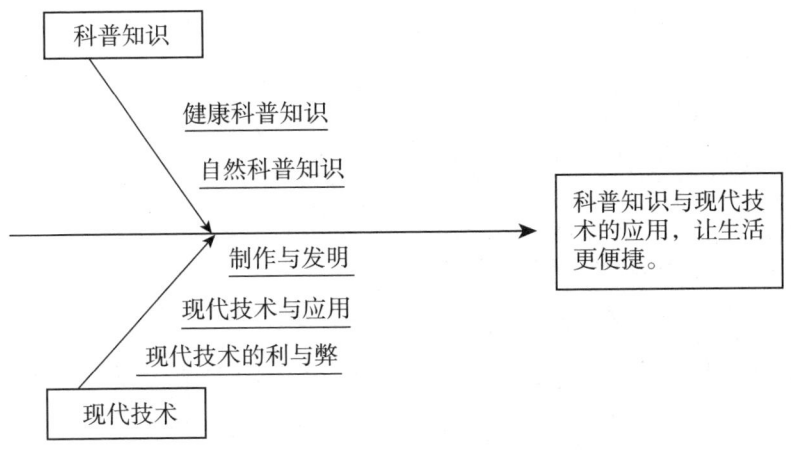

图2-3 "科普知识与现代技术"主题体系

第二节 主题阅读素材的搜集和筛选

主题阅读素材的选择是主题阅读能否顺利进行的关键,因为精选的篇章素材是理解主题的载体,引导着主题阅读的方向,决定着主题阅读的成败。学生通过阅读与主题相关的多个语篇,对阅读文本进行意义构建,在意义构建中自然而然地习得、运用阅读和写作等技能,积累语言知识和文化知识,发展思维,形成能力。

阅读素材要以立德树人、学科育人为中心,凸显社会主义核心价值观,蕴含时代发展的特点和中华民族传统文化;要能引导学生用英语做事;要在情境下、语用中渗透学习策略、文化意识和思维品质的培养,从而将对学生英语学科核心素养的培养渗透其中。主题阅读素材应该具备以下特点。

一、思想性

语篇承载着学科育人的功能,应蕴含鲜明的主题意义,彰显立德树人的学科教育价值。语篇内容不仅需要融入社会主义核心价值观,注重对学生情感态度和价值观积极正向的引导，还应该吸纳中外优秀人文与科学知识，让学生在阅读过程中体会和思考生活，感受时代的发展，了解中外文化现象，体验、传承和践行中华民族传统文化的精髓，在价值观和行为取向方面得到积极正向的引领，促进学生知行合一，综合提升其道德品质、人文修养和科学素养。

例如，在围绕"科普知识与现代技术"主题完成素材的搜集后，教师根据"三贴近"，即贴近时代、贴近社会、贴近学生生活的原则进一步精选素材，以便学生关注社会和时代的发展，了解科技进步给各个领域带来的变化。

主题素材搜集完成后，我们把科普知识的主题素材分成了健康科普知识与自然科普知识，又把健康科普知识分成了心理健康知识和生理健康知识。心理健康知识方面的素材包括沮丧、恐惧；生理健康知识方面的素材包括电脑视觉综合征、失聪、耳虫、在拥挤的教室里感到困倦、入睡困难、体温过低。通过健康科普知识主题文章的阅读，可以引导学生从心理和生理两个方面来关注健康话题。只有生理和心理健康都关注了，才能做到真正的健康。另外，我们把现代技术的主题素材分成了制作与发明、现代技术与应用、现代技术的利与弊三个子话题。这三个子话题既可以帮助学生了解一些新的发明，如3D眼镜、绷带和医用胶带、专利等，又可以让学生了解现代技术在生活中的广泛应用，如现代技术在预防火灾、教育和交通上的应用等，更重要的是可以让学生理解现代技术的利与弊，引导学生从正面和反面看待现代技术的应用——技术是一把双刃剑，用得好可以极大地方便人类的生活，用得不好就会对人类造成极大的危害，从而理解现代技术只有为人类服务时才能体现出科学家的钻研精神、忘我工作的最大价值。这有利于促进学生形成正确的人生观和价值观。

二、美文性

语篇是学生学习语言的重要载体，可以帮助学生在理解、内化、模仿、运用的过程中习得语言。因此，语言必须地道、优美，适合学生进行模仿运用。

例如，在运动单元的主题阅读中有一首题为"Choose Your Sports"[①]的脍炙人口的小诗。这首诗押韵严谨，读起来朗朗上口。这首诗描述了几种不同运动之美，其精练的语言鼓励学生关掉游戏到户外运动，享受阳光；这首诗运用swish等象声词细腻地刻画出了篮球带着精美的弧线应声入网的逼真场景，其生动的描绘让学生对生龙活虎的运动场景和播撒友谊的欢乐氛围心生向往，也让读者内心生发出要去球场驰骋的冲动和欲望。

Choose Your Sports

Let's turn off our video games,
And run outside.
From so many sports,
We may choose and decide.

Baseball, soccer,
And basketball are fun.
Let's grab some friends,
And play in the sun.

In baseball, you will be,
Running around.
When you hit the ball,
It's a beautiful sound.

In soccer, you pass the ball,
Using your feet,
Drink lots of water,
And watch out for the heat.

---

① Martin Dejnicki. Sports Poems. http://blog.tree.cards/sports-poems/.

In basketball, the best sound,

Is a swish,

Making ten in a row,

Is a wonderful wish.

Whatever sports,

You decide to play,

Enjoy them with friends,

Each and every day.

三、逻辑性

《普通高中英语课程标准（2017年版）》中提出，思维品质体现英语学科核心素养的心智特征。

思维是智力和能力的核心，思维活动是课堂教学中师生的核心活动。因此，教师要重视学生的思维，逐步地从具体形象成分占主导地位，发展到抽象逻辑成分占主导地位，创造一切条件使学生的理性思维材料越来越多，以提高他们思维活动的抽象性和逻辑性，增强对抽象知识的理解能力。因此，在阅读中，教师要选择篇章结构严谨、层次清晰、内涵丰富的文章来培养学生思维的逻辑性、批判性和创新性。

例如，下面的说明文（2014石景山期末）讲述的是科学家的一项研究发现——鸟类以V字形飞行是为了更加节省能量。文章开篇首先点明伦敦大学一个研究小组的发现——迁徙鸟类为了节省能量而以V字形飞行；第二段阐释了鸟类以V字形飞行省力的具体原因；第三段讲述头鸟因为得不到同伴上升的托力而容易变得疲劳，于是鸟群经常定时更换头鸟；第四段讲述鸟阵有固定的拍打翅膀频率和借助上升气流的本领；第五段讲述鸟阵中的成员都知道要借助前面鸟儿的力量飞行；第六段讲述V字形能够帮助鸟儿高效飞行以及战斗机仿效鸟群进行飞行活动；第七段讲述新的研究发现的仿生学意义——有利于飞行机群仿效飞行，以节约能量。这篇文章语言准确、严谨，段落间逻辑清晰、层层递进，很适合学生阅读。

Scientists have found that migrating (迁徙) birds fly not just in groups all the time, but in "V" formation and they have also tried to find out what good points birds get from this "V" formation. Now, a research group from the University of London may have found the answer — migrating birds fly in a "V" to save energy, according to a study published in the journal *Nature*.

When a bird flaps (拍打) its wings, it makes the air move in different directions. Scientists found in the study that the air creates an upward-moving wave at the tips of the wings (翼尖), which means that if a bird flies around the wingtips of another bird, it can get some help from the rising air and then they can use less energy to stay in the air.

But there is a small problem — the lead bird gets no lift advantage and can easily get tired. This is why a group of migrating birds change their leaders from time to time, according to *The New York Times*.

Scientists were also surprised to see that migrating birds timed their wing beats and changed their places in a very simple way to make the most of the lifting effect while avoiding areas where the air moved downward.

"They're able to sense what's going on from the bird in front, where this 'good air' is coming from and how to help themselves perfectly in it," lead researcher Steven Portugal told BBC.

In fact, the "V" formation has long been thought to help birds fly more efficiently (有效地) without wasting too much energy. Jet fighters (战斗机) were also found to be able to reduce their energy use by up to 18% by staying near the wingtips of other Jet fighters. Both of these findings led scientists to wonder that the "V" formation had an efficiency purpose, but until now they still don't have enough facts to show what they are thinking about is really true.

"For scientists, the new study provides an insight into an interesting natural thing. But it could mean even more for airplane companies — helping them understand how they can imitate that with their plane formations to save energy," said Portugal.

四、时新性

时新性指的是阅读内容和语言都应该与时俱进。主题阅读时，让学生输入大量鲜活的素材，在意义构建中进行语言学习（learn through language），充分实现语言的工具性和人文性的统一。例如，下面这篇关于"New Year's Resolution"的文章很好地诠释了对joy，self-control，slow等新年愿望的理解。

New Year's Resolution

Posted by Lauren Conrad December 28, 2017

You guys, I can not believe it's about to be 2018! If you haven't thought of your 2018 New Year's resolution yet, start by choosing one word from the list below.

 Love   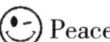 Peace    Kindness

 Joy    Patience   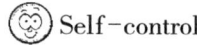 Self-control

Kathie

December 29, 2017

The word that I choose from the list is joy. Whether that means jogging with my classmates in the morning, walking my dog in the neighborhood, or enjoying dinner with my parents, I am going to make sure I take the time to have fun!

Sofia

December 30, 2017

Self-control would be my word for the coming year. This year I am going to be a morning person! I'll wake up early and start my day at 5 am instead of 6 am. Imagine what I could do with 5 more hours every week!

Taylor

December 31, 2017

My word isn't on your list. But this year I'd like "SLOW" to guide me, which means many things to me. I will try to avoid too much homework in order to think deeply, slowly read a book instead of quickly looking through social media, and go to bed earlier in order to have slower mornings.

北京市十一学校的周励老师指导学生阅读了这篇文章之后，引导学生模仿写下自己的新年愿望，学生的作品如图2-4、图2-5：

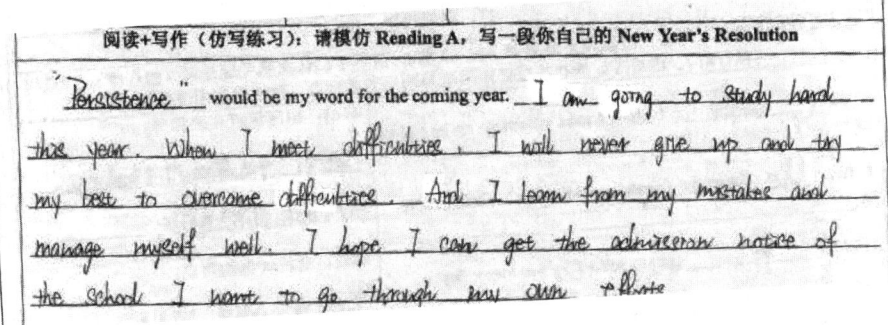

图2-4　学生仿写习作1

图2-5　学生仿写习作2

五、趣味性

趣味性是激发学生产生持久阅读动力的源泉。因此，在围绕主题筛选文章时，趣味性是不可忽视的一个方面。教师要了解学生的兴趣点，根据学生不同的关注点选择文章。

例如，在次主题"动物的多样性"的文章筛选中，我们最初选择了"The Polar Bear"这样的说明类文章。但是，我们又考虑到七年级学生的思维尚处于具象到抽象的过渡时期，更喜欢阅读以记叙和描写为主的文章，于是，我们重新搜集了素材，找到了"Snail"这篇文章，并按照这样的写作风格找到了其他文章。事实证明，学生对记叙、描写类文章更加感兴趣。

The Polar Bear

The bear is three meters long, and it weighs 450 kilos. It can stand up on its back legs because it has very wide feet. It can use its front legs like arms. The polar bear can swim very well. It can swim 120 kilometers out into the water. It catches fish and sea animals for food. It goes into the sea when it is afraid.

Snail

In spring the snail wakes up. Its body, about three inches long, comes out from the shell. When hungry, the snail looks for food. It can't see very well. Its eyes, at the end of the top feelers（触角）are very weak. But its sense of smell is very strong. It helps the snail to the new greens. Then the snail's little mouth goes to work.

A snail's mouth is no bigger than the point of a pin（针）. Yet it has 256,000 teeth! The teeth are so small that you can't see them. But they do their work. If you put a snail in a hard paper box, it will eat its way out! And if a snail wears out its teeth, it will grow new ones.

六、多样性

围绕同一主题的文章，体裁应尽可能多样。多样的文体有利于学生根据语篇特点快速理解语篇，熟悉语篇特征，在阅读其他主题的文章时，借助已读文章的语篇知识，提升阅读速度。教师可以从体裁分析的角度出发，帮助学生了解语篇的体裁，分析作者谋篇布局的特点和遣词造句的手法，设定相应文体的阅读要求，使学生掌握不同文体的阅读方法，给予学生必要的阅读指导，帮助学生掌握相对稳定的、可以借鉴和依赖的体裁分析模式，增强其理解文本的信心。初中英语阅读中最常见的文体有应用文、记叙文、说明文和议论文，它们各自具有不同的特点。

应用文是各类企事业单位、机关团体和个人在工作、学习和日常生活等社会活动中，用以处理各种公私事务、传递交流信息、解决实际问题所使用的具有直接实用价值、格式规范、语言简约的多种文体的统称。应用文具有写作目的明确、语言表达规范、格式体例稳定、时间要素明确等特征。

记叙文是以记人、叙事、写景、状物为主，以写人物的经历和事物发展变化为主要内容的一种文体。记叙文要通过分析人物的语言、动作、心理的描写来解读人物的性格特征；通过了解故事情节的发展和环境描写的作用来解读作者的写作意图；通过品味生动形象、富有表现力的语言来揭示作者的思想情感。

说明文是客观地说明事物的一种文体，目的在于给人以知识，或说明事物的状态、性质、功能，或阐明事理。为了把事物特征说清楚，或者把事理阐述明白，说明文必须有相适应的说明方法，常见的说明方法有举例子、分类别、做比较、画图表、列数据、下定义、做诠释、引资料、打比方、作引用、作假设等。说明文篇章结构清晰、段落主题句明确，文章大多来自科学研究资料，或者是亲身实践、调查、考察所得，因此，说明文具有严谨的科学性。

议论文是试图影响读者的思想和行为，说服其接受作者观点的文章，其目的重在劝说，使读者相信或接受作者陈述的观点。议论文的基本结构通常采用"三段论式"，即提出问题—分析问题—解决问题，且通常采用正论或驳论的方法来让人接受自己的观点。议论文的特点是论点明确、论据充分、论证方法清晰，其内容具有理论性，结构具有逻辑性，语言具有准确性。

下面以笔者指导北京市海淀区教师进修学校附属实验学校冯国蕊、丁翙达等老师设计的"生命在于运动"主题阅读单元为例,说明精选素材时如何兼顾多样性和趣味性。素材的首次精选过程主要经历了两个阶段。

第一阶段,备课组教师广泛搜集素材,体现体裁的多样性。

备课组教师围绕运动话题搜集素材,然后进行分类。搜集的12篇文章(见表2-3)体裁丰富,其中有记叙文6篇、说明文5篇、诗歌1首,素材话题包括运动项目、运动趣事、运动的好处和如何运动等。

表2-3 运动主题阅读文章初选

话题	文章	体裁
运动项目(sports events)	Go Fly a Kite Extreme Sports Figure Skating Climbing	说明文 说明文 记叙文 记叙文
运动趣事(sports stories)	Favorite Sports Tennis Time for Teddy Football is My Favorite Sport Baseball hats	记叙文 记叙文 诗歌 记叙文
运动的好处(benefits of sports)	Energy Keeps Us Moving Brian Gets Fit On the Field	说明文 记叙文
如何运动(how to keep fit)	How to Keep Fit How to Choose a Sport	说明文 说明文

第二阶段,基于学生的认知水平、心理特征和兴趣确定主题。

主题要像鱼骨一样,起提纲挈领的作用。主题要基于学生的认知水平、心理特征和兴趣,进而激发学生多维度思考,让学生在主题阅读理解中发展思维、理解文化。

备课组教师通过对照下面的问题思考、确定这些文章是否符合主题:问题一,学生对于运动话题的认知水平、心理特征和兴趣如何?问题二,运动话题的阅读能培养学生哪些学科素养?问题三,希望学生学习运动单元后,持久性理解的目标是什么?

为了了解学生对运动话题的认知水平、心理特征和兴趣，备课组教师从一个班级里找了三个阅读能力在不同层次的学生来试读这些文章。学生阅读后认为，这些文章话题比较丰富，有利于拓展有关运动的知识，如认识不同的运动项目，了解运动的好处等；虽然文章中有生词，但是还能理解大意；故事类的文章比较吸引人。同时，学生也谈到文章内容整体上离自己的生活比较远，偏理性，阅读能力一般的学生说这样的文章不能充分激发他们的阅读兴趣。

通过与学生的交谈以及平常对学生的了解，备课组教师认真思考了以上三个问题。关于问题一，大部分七年级学生的运动习惯还没有养成，每天参加的运动就是体育课上和早操时间的运动，少部分学生有打篮球、游泳等习惯，但是还没有养成定期运动的习惯。关于问题二，语言能力、思维品质、学习能力的培养在阅读中可以实现，而文化品格的培养则需要在选择素材时特别选择有文化差异元素的素材，如运动习惯不同、对运动的观念和看法不同等素材。关于问题三，希望学生通过阅读运动单元素材，反思自己的运动习惯、了解运动的好处以及不同民族、不同文化背景的人的不同运动习惯，进一步理解运动中的文化差异。

因此，依据学生对运动话题的认知水平、心理特征和兴趣，以及需要学生理解的单元主题，备课组教师从主题和学生的生活实际出发，重新筛选了贴近学生生活的素材。首先，通过与学生交谈，教师发现学生感兴趣的阅读素材有同龄人各自喜欢的运动、运动的趣事、运动俱乐部等。其次，有些学生不爱运动，应该让学生阅读一些鼓励运动的文章。最后，根据主题结合学生的兴趣和认知水平，确定单元主题为"生命在于运动（Life lies in movement）"，并围绕主题和学情确定了单元次主题、支撑主题理解的文章和体裁（见表2-4）。单元主题统领单元次主题，单元次主题支撑主题的理解；单元主题、次主题，以及支撑学生实现对主题理解的文章，共同构成了一个有内在逻辑关系的主题体系（见图2-6）。

表2-4 运动主题阅读文章二次精选

主题	次主题	文章	体裁
Life lies in movement	Favorite sports and the benefits of playing sports	My Answer to the Sports Survey Football is My Favorite Sport Are You Healthy?	说明文 诗歌 议论文
	The ownership of sports equipment	The Survey of Sports Equipment in Our Class	说明文
	Take actions to exercise	Choose Your Sports Students Stay Fit at School Sports Club/ Center Posters/Advertisement	诗歌 记叙文 应用文
	Sports culture	Favorite Sports The Most Popular Sports in China The Most Popular Sports in America	记叙文 说明文 说明文

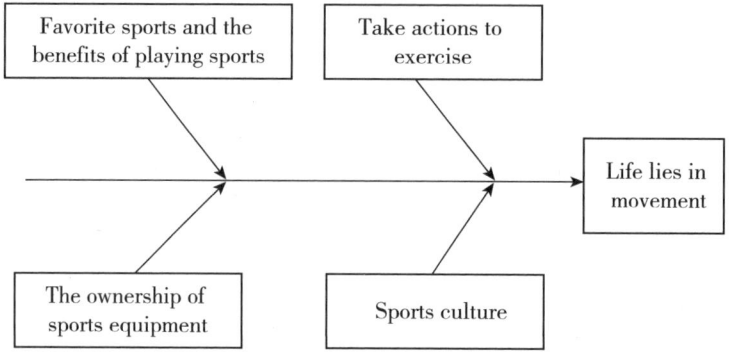

图2-6 运动单元主题体系

运动单元主题的再次提炼过程是基于现有的教材进行提炼的，提炼时更加注重学生的兴趣、认知水平和身心发展的实际需要，并在保证阅读体裁多样化的前提下充分考虑了贴近学生的话题。另外，运动主题阅读单元的素材中还隐含了很多可以用来培养学生文化品格这一核心素养的内容。最后备课组教师把最喜欢的运动、运动的好处、拥有的运动器材、运动文化、多做运动等次主题概括起来，就形成了单元主题——生命在于运动，其具体内涵是每个人喜爱的运动类型、器材可以不同，但是理解运动带来的好处和运动中蕴含的文化可以让我们更好地运动起来，并养成运动的习惯。

第三节 主题阅读的活动设计

如果把主题阅读比作一条鱼，那么，主题体系就是鱼骨架，精选的素材就相当于鱼肉，而主题阅读的活动设计就像是整条鱼的血液和神经一样，为鱼的活动提供了营养和神经中枢。主题阅读活动设计的目的是引导学生在主题意义构建中理解主题内涵、发展思维能力、拓展认识，基于主题情境发展理解和表达能力，积累和丰富主题知识，获取学习策略。在主题阅读中做好整体架构后，教师在活动设计中要遵循以下原则，以充分发挥其引导者、支持者、帮助者的作用，从而保证学生的阅读有实效。

一、准确解读文本内涵

在阅读教学过程中，教师作为引导者，既要引导学生学习文本知识，更要引导学生学会以文本信息为依据进行批判性思考。学生不应单纯、被动地从字面上去理解文本和作者，而要能动地、创造性地去理解作者所表达的意义。这就要求教师要将文本读透，深入理解文本的价值，基于学情进行活动设计，以启迪学生的思维，在潜移默化中对学生进行情感教育。教师对文本的高效解读也将促进学生更有效地体会文本内涵。学生只有关注文本所表达的内涵，体会作者所表达的情感，与自己的已有知识建立联系，创造性地理解文本，才能体会到与文本有意义对话的过程。

《普通高中英语课程标准（2017年版）》在实施建议部分明确指出，研读语篇就是对语篇的主题、内容、文体结构、语言特点、作者观点等进行深入的解读。建议教师首先尝试回答三个基本问题：第一，语篇的主题和内容是什么？即What的问题；第二，语篇的深层含义是什么？也就是作者或说话人的意图、情感态度或价值取向是什么？即Why的问题；第三，语篇具有什么样的文体特征、内容结构和语言特点？也就是作者为了恰当表达主题意义选择了什么样的文体形式、语篇结构和修辞手段？即How的问题。Why和How的问题通常没有唯一答案，对语篇深层意义和文体结构的解读更多取决于教师的教育背景、生活阅历、认知方式，以及教师在与语篇互动的过程中所表现出来的分析和探究能力。因此，每个人都可能会给出不同的解读和阐释。

下面是中国人民大学附属中学王清①老师基于人教版英语九年级Unit 9. I like music that I can dance to中的阅读文章Sad but Beautiful，从上述三个角度进行的文本解读。

【What】主题意义和主要内容

Sad but Beautiful是作者听完二胡作品《二泉映月》后有感而发写的一篇记叙文。文章首先叙述了作者欣赏《二泉映月》这首二胡作品之后的感受——美妙动听的乐曲让作者难以忘怀，也让作者感受到了音乐中的悲伤之情。带着疑问，作者继续探究了乐曲的创作者阿炳的生活经历和音乐成就：阿炳早年间父母双亡且眼疾严重，生活很艰辛，以街头卖艺为生，但是阿炳拥有着惊人的音乐天赋，通过不断练习，他一生可弹奏600多首乐曲，另外，他谱曲众多，其作品对后世产生了巨大的影响，其中的代表作《二泉映月》更是让倾听者动情、动容，成了中国民族音乐的瑰宝。

【Why】写作意图

作者通过对《二泉映月》的介绍和对创作者阿炳及其作品的探究，寻找这首乐曲凄美的原因，既着墨于阿炳的悲惨身世和惊人的音乐技艺，更引导着读者挖掘了《二泉映月》背后所蕴含的积极精神，加深了读者对中国民族音乐及作曲家的了解和理解，提升了读者的文化自信和民族自信。

【How】文体结构和修辞语言

这篇文章是按典型的记叙文风格展开的，文体结构很清晰，其主线就是作者的活动——第一段讲述作者听音乐后的感想，第二段点明作者查阅资料对作曲者阿炳的身世进行了了解，第三段着墨于阿炳的音乐生涯和作品介绍。作者用一般过去时和一般现在时相结合的方式，既描述了音乐作品带给人的感受和创作者的身世背景，又讲述了作品的影响力和重要性。在最后一段，作者说明了《二泉映月》成为中国民族音乐瑰宝的重要原因，即它的凄美谱写了阿炳凄惨身世的篇章，让听众产生了共鸣。文章的语言体现了记叙文的特点，有大量关于作者对音乐的感受的描写，如strangely beautiful，

---

① 王清，孙铁玲. 凄美有力，深度品读《二泉映月》——以人教版《英语》（*Go for it!*）九年级Unit 9 *Sad but Beautiful*阅读课为例[J]. 英语学习（教师版），2019（7）.

a strong sadness and pain, one of the most moving pieces of music, sad beauty等。在描述阿炳的身世时，作者是按照时间顺序依次展开的，如born in 1893, by age 17, after, for several years等。文章中还包含很多评价阿炳音乐作品的词汇，如amazing musical skills, popularity, praise, national treasures等。

二、依据布卢姆认知目标分类理论设计问题，引导学生聚焦主题意义

教师对文本进行了充分的解读后，接下来就要引导学生进行阅读。在阅读中，教师要以学生的学习兴趣和认知需求为基础，以主动探究为特征，设计具有明确目的的、体现实践性和整体性特征的活动。活动的过程应确保知识的有效整合和综合运用，确保学生在活动中的思维参与和情感投入。学生参与学习活动的过程就是学生将外部的感知经过一定的操练和内化不断地概括化、言语化、简约化而逐步形成新概念的过程，是外部物质的感性活动向内部思维、情感的心理活动的转化过程。

例如，在阅读一篇关于男女性别差异的文章时，教师在让学生阅读之前可以这样导入教学："你认为男女性别的差异表现在哪些地方？"学生自然会根据自己的观察和认知来讨论问题。然后，教师再请学生阅读文本，获取文本提到的男女性别的差异信息并与讨论的结果进行比对，学生对文章的兴趣就会大大增强。最后，教师可以依据布卢姆认知目标分类理论，设计应用类、分析类、综合类、评价类等问题，来启发学生读懂文章背后的深层含义（见表2-5）。

表2-5　某教师关于男女性别差异一文的阅读问题设计

Read and answer the following questions:
1. What are the possible reasons why men refuse to ask for direction on the way?（分析类问题）What will you do if you don't know where to go?（应用类问题）
2. Why can women talk on the phone, cook dinner and take care of the baby at the same time?（分析类问题）
3. Why does the writer mention the example that among our ancestors women needed speech skills to take care of their babies and mean needed special skills to hunt?（分析类问题）
4. Use your own words to summarize the differences about two sexes according to the Passage.（综合类问题）

教师设计的问题主要是基于文本内容理解的分析类、应用类、评价类和综合类问题，学生在深入思考这些问题时，就会跨越对文本的表层理解，实现对文本的深层次理解，实现与文本内容有意义的互动。

下面再以The Elves and the Shoemaker绘本阅读教学为例，说明读前、读中、读后如何依据布卢姆认知目标分类现记理论设计问题，引导学生聚焦故事内涵，培养学生思维品质的策略。① 这个绘本故事讲述的是一对鞋匠夫妇饥寒交迫、食不果腹，难以过冬之时，两个小精灵夜晚偷偷帮助他们做鞋子，慢慢让他们过上了富足的日子，而鞋匠夫妇发现是精灵帮助自己时，特意为他们缝制衣服、鞋子、帽子御寒，以回馈他们的帮助的故事。故事文本如下：

The Elves and the Shoemaker

Written by Nancy Leber

Illustrated by John Hovell

Once there was a poor shoemaker. He and his wife lived in a little house.
The shoemaker worked hard.
Snip, snip! He cut some leather.
Stitch, stitch! He sewed it.
Tap, tap! He pounded with his hammer.
He worked hard, but he was poor.

One winter night, he had just a little leather left. There was enough for one pair of shoes.
Snip, snip! He cut some leather.
"It's late," he said to his wife. "I'll finish in the morning."
He left the leather on his table.

---

① 孙铁玲. 故事阅读教学中培养初中生思维品质的实践[J]. 中小学外语教学（中学篇），2018（4）.

The night was cold. A fierce wind howled. It made the little house shake. It made the little windows rattle.

The shoemaker's wife took the last bit of flour. She used it to bake some bread.

The next day, the shoemaker woke up late. He went to his table. In place of the leather was a pair of shoes!

"Do my eyes play tricks on me?" asked the shoemaker. He picked up the shoes.

"Wow!" he shouted.

He sold the shoes that very day! Now the shoemaker could buy more leather.

Snip, snip! He cut the leather.

"It's late," he said to his wife. "I'll finish in the morning."

He left the leather on his table.

The next day, the shoemaker woke up early. He went to his table. Now there were two pairs of shoes!

"Do my eyes play tricks on me?" he asked. He looked at each pair. "Wow!" he shouted.

He sold both beautiful pairs that day. Now the shoemaker could buy more leather.

Snip, snip! He cut the leather.

"It's late," he said to his wife. "I'll finish in the morning."

He left the leather on his table.

The next day, the shoemaker was up before the sun. He went to his table. Now there were four pairs of shoes! "Wow!" he shouted. He sold the handsome shoes right away.

So it went all winter. Before long, the poor shoemaker was rich!

"How does leather turn into shoes? Is someone coming into our house?" asked the shoemaker's wife. "Are we in danger? We must find out!"

That night the shoemaker left out more leather.

The shoemaker and his wife hid. They were a little scared. At midnight, they heard sounds.
Snip, snip!
Stitch, stitch!
Tap, tap!
They heard, "Giggle, giggle!"

They saw two little elves! In a snap, the elves made the shoes! Then they jumped down. They danced and sang.

"Fiddle-dee-dum. Fiddle-dee-dee.
In here we are as warm as can be!"

Then the elves left.

"The poor things!" said the shoemaker. "It's a very cold night. Their clothes are so thin!"

"Yes," said his wife. "We must help them. They were so kind to us."

The shoemaker and his wife worked hard the next day.

Snip, snip! Stitch, stitch! Tap, tap! The shoemaker made little boots.

Snip, snip! Stitch, stitch! His wife made little coats and hats. The little clothes were ready.

That night, the shoemaker and his wife hid again. At midnight, the elves skipped into the house.

They saw the new clothing. They clapped for joy. In a snap, they dressed.

Then they danced and sang.

"Fiddle-dee-dum. Fiddle-dee-day.
We won't work. We'll go and play!"

The shoemaker and his wife smiled. The elves danced out of the house.

The elves never came back again. The shoemaker and his wife lived happily ever after! Sometimes they talked about their little friends.

1. 读前活动：创设情境，预测故事内容，提高学生思维的灵活性

英语思维的灵活性体现在四个方面：一是思维的方向灵活，善于运用英语从现象的不同视角去思考问题，在情境中调动不同的知识、不同的方法正确地解决问题；二是思维的过程灵活，对英语材料善于全方位组合分析问题；三是思维的结果灵活，英语学习中的思维结果具有多样性、灵活性和合理性；四是迁移能力强，语言表达更多地注重对知识和方法的有效迁移，辅助形成其他素养品质。

在故事阅读教学中，教师可以通过创设具有刺激性的情境，激发学生的想象力，激活学生的已有记忆和对某个现象或问题的认知，激起学生的阅读欲望，让学生在不断挑战认知冲突、解决问题的过程中提高思维的灵活性。

在该阅读课课堂的起始环节，教师引导学生借助插图和标题猜测生词elf/elves的含义，并猜测故事的主要内容。当学生出现困难时，教师及时呈现更多关于精灵的图片。

教师提供的丰富图片具有情境性和刺激性，促使学生在情境中调动已有知识、运用多种方法解决问题，既帮助学生认识了生词elf/elves，又激发了学生阅读故事的热情。结合标题，学生猜测故事的主要内容，回忆精灵的形象，并总结出精灵拥有魔力的特点。在引导学生预测故事内容的过程中，激发了学生的想象力，激活了学生的已有认知，使学生学会了从多个角度预测故事的主人公——鞋匠和精灵之间的故事，展现了学生思维的灵活性，同时也呈现了学生的思维起点，为下一步教学提供了思维基础。

2. 读中活动：搭建问题支架，梳理情节和人物，提高学生思维的敏捷性和深刻性

英语思维的深刻性体现在运用，以英语进行深入的、逻辑清晰的问题思考时，思维活动的抽象程度、逻辑水平以及思维活动的广度、深度和难度，还体现在使用语言对事物整体概括与分析的能力上。英语思维的敏捷性是指正确运用语言的速度。教师可根据学生的不同学习方式设计不同类型的问题，促进学生思维品质的提升。

（1）设计记忆类和理解类问题支架，提高学生思维的敏捷性和严谨性。

记忆类问题往往需要学生进行识别（identify）、定位（locate）、选择（select）、列举（list）、画出（draw）、说出（name）等思维活动；理解类问题往往需要学生进行解释（explain）、释义（paraphrase）、描述（describe）、转化（convert）、关联（relate）、推断（infer）等思维活动。学生在进行这些思维活动时，思维比较浅显，需要教师引导他们加快速度，提高思维的敏捷性。

在The Elves and the Shoemaker的阅读教学中，当学生独立阅读时，为了帮助他们梳理故事情节，教师提供了如下关键词：who，what，where，when，how，让学生在文本中标画答案。同时，教师还通过问题What happened between the elves and the shoemaker? 引导学生去概括故事中精灵和鞋匠夫妇之间的关系。

教师给学生提供了记叙文几个要素的关键词，使学生有了思考的支架，从而减少了漫无目的的阅读，顺利完成了对故事情节和故事架构的梳理，提高了思维的敏捷性。

随后，教师提供表格（见表2-6），请学生在阅读故事的过程中填写表格，并提供原文支持性语境来证明人物的心情。为了帮助学生梳理故事的情节发展和人物的心情，教师设计了如下的记忆类和理解类问题：

① How did the story happen? Find out the development of the story.
② How did they feel?

表2-6　Development of the story

Development of the story		Characters' feelings	Evidence
The shoemaker's trouble	*little leather...*		

在学生阅读故事的过程中，教师给学生提供问题支架和表格工具，一方面有利于引导学生快速获取信息，另一方面也有利于学生在分析、概括和提取人物言行等关键信息时，提升思维活动的逻辑水平、广度和深度。同时，教师要求学生用原文来支撑自己对人物心情的概括，有利于培养学生思维的严谨性，即让学生即逻辑清晰地思考问题，严密地推理论证，精细地检查自己的思维过程。

（2）设计分析类问题，提高学生思维的深刻性和灵活性。

分析类问题往往需要学生进行分析（analyze）、调查（investigate）、对比（compare）、思辨（debate）、区别（differentiate）、检查（examine）等思维活动；应用类问题往往需要学生进行运用（apply）、改进（modify）、构建（build/construct）、解决（solve）、汇报（report）等思维活动。

为了引导学生分析文本的深层含义，在本案例中，教师设计了如下的分析类问题：

① Why did the elves help the shoemaker and his wife?
② Why did the shoemaker and his wife help the elves?
③ Why did the elves go away?

学生要想回答以上三个分析性问题，就要仔细阅读文章并分析故事中各个要素之间的关系后，才能得出结论。从学生的课堂表现来看，学生对精灵和鞋匠之间的相互帮助以及精灵收到衣服后离开的原因，既有正向分析得出的正面结论，又有反向分析得出的负面结论，并能够用理据支撑自己的观点，这些都有利于培养学生思维的灵活性。

此外，在概括人物性格特征的环节，教师采用了"give one，get one"的合作学习策略，即让学生分享自己的一个想法，换取同伴的一个想法。首先，将学生分成A、B两个小组，让每个学生独立思考，分别概括鞋匠和精灵的性格特征，并填写表格（见表2-7）；然后，A组和B组学生分别在本组内分享、完善他们概括的人物性格特征；最后，A组和B两组学生再互相分享。

表2-7　The personalities of the characters

Group	Character	Personality	Evidence
A	Shoemaker		
B	Elves		

此外，为了帮助英语水平较低的学生，教师提供了一些表达人物性格的形容词，供有需要的学生选择使用。

学生在概括鞋匠和精灵的性格特征时，需要整合若干相关信息才能准确概括，其思维的深刻性在此过程中会得到发展。在判断鞋匠到底是勤劳的还是懒惰的时，学生之间出现了分歧，他们各自引用文本中的证据据理力争，反应快速，这有利于培养学生思维的灵活性。

3. 读后活动：对话作者并联系现实，培养学生思维的批判性和独创性

英语思维的批判性体现为对语言的运用以及借助英语语言独立而全面地理解事物的思维分析、判断能力，也就是思维活动中善于严格地估计思维材料和精细地检查思维过程的智力品质。英语思维的独创性即为创造性思维，在英语学习和语言运用中表现为善于独立思考，善于创造性地发现问题和解决问题。

在学生解读故事人物的性格特征后，教师要设计评价类、创造类问题，设计更深层次的阅读活动，引导学生与作者对话，完成对文本现实意义的构建，培养学生的批判性、独创性思维。

评价类问题往往需要学生进行批判（criticize）、评价（judge）、评估

（assess）、赏析（appreciate）、解决（solve）等思维活动；创造类问题往往需要学生进行创造（create）、创编（compose）等思维活动。

在本案例中，教师设计了如下的评价类问题：

① What would happen if the shoemaker and his wife hadn't made clothes for the elves?

② Which part is your favorite? / Which part do you dislike? Why?

③ If you can talk with the writer, what question may you ask?

针对问题①，学生生成正向和反向两种观点。

正向观点：The elves would continue to help the shoemaker make shoes because they could stay warm in the shoemaker's house./The elves would continue to make shoes until the shoemaker found out the truth./The elves would continue to help the shoemaker make shoes because they didn't expect to be paid back.

反向观点：The elves would go away because they didn't get any reward from the shoemaker./The elves would go away because they wanted the shoemaker to realize that they should also help others in return of the help they get from the elves.

针对问题②，大部分学生都谈论自己喜欢的部分，其中有的学生喜欢故事的戏剧性结局；有的学生喜欢鞋匠，认为他虽然生活贫穷，但是依然每天坚持辛勤劳动；有的学生喜欢精灵，认为他们用自己灵巧的双手做出漂亮的鞋子，帮助鞋匠渡过了难关。个别学生说自己不喜欢故事的开头，认为辛勤劳动就应该换来幸福的生活，但故事一开始时，鞋匠一家过着贫苦的生活。

针对问题③，学生想与作者对话的问题有Where do the elves come from? Why have the elves gone away?等。

在阅读课的最后，教师引导学生联系实际展开想象，谈谈自己的收获和启迪。教师设计了如下的评价类、应用类问题：

① If there were two elves in your house, what would you like them to do?

② Are there any people just like the elves to help you? What would you do for them?

③ What have you learned from the story?

学生在交流和讨论中生成了很多观点：如果有精灵的陪伴，他们希望精灵能够帮助自己写作业、保护自己、做家务等，但同时他们也会给精灵美食和漂亮的衣服。学生还联想到自己的父母、朋友、老师等就好像是自己生活中的"精灵"，在具体事务和精神上给了自己很多帮助和支持。当教师追问生活中有无陌生的"精灵"出现时，学生想到了陌生人给自己指路、给自己精神鼓励等。当谈到自己从故事中的收获和启迪时，学生感悟到人与人之间应该互相帮助，自己应该帮助有困难的人以及感恩那些帮助过自己的人。对这些问题进行思考有利于提高学生思维的灵活性和深刻性。

从学生的回答和表现可以看出，教师设计了联系学生自身实际的评价类问题，引导学生思考故事的深刻内涵和寓意，这有助于学生将这些人生启迪迁移运用到实际生活中，引导学生做到知行合一。另外，教师鼓励学生多角度思考问题，有利于培养学生思维的灵活性。

在故事阅读教学中，教师依据布卢姆的认知领域教育目标分类理论设计了低阶和高阶思维问题，引导学生对文本进行意义构建。在意义构建的过程中，学生通过想象预测故事内容、快速提取信息、快速梳理情节等低阶阅读活动，发展思维的灵活性和敏捷性；通过概括故事中人物的性格、分析文本深层的含义、评价作品、交流启迪等高阶思维活动，发展思维的深刻性、批判性和独创性。

三、精读、泛读相结合，聚焦主题意义

在主题阅读中，学生需要阅读若干篇不同体裁的文章来构建主题意义。在阅读的过程中，需要均衡精读和泛读的比例。学生可以从精读中构建对主题的理解，习得阅读策略，积累基础知识，也能从泛读中拓宽对主题的理解，巩固运用恰当的阅读策略，建立文本间的逻辑联系，丰富对主题内涵的意义构建。

例如，九年级英语复习单元中的"健康的生活方式"单元，笔者和北京市海淀区教师进修学校附属实验学校的姜慧、刘薇等教师一起研究，确定了该单元的主题阅读体系（见图2-7）。

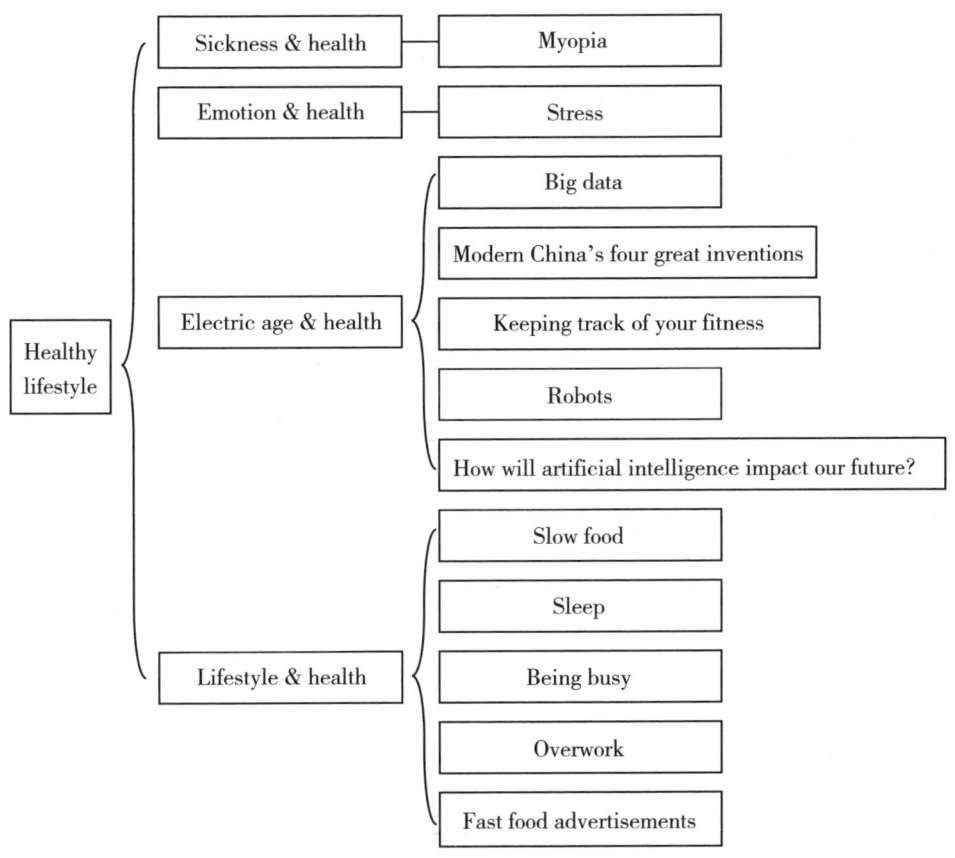

图2-7 "健康的生活方式"主题阅读体系

"健康的生活方式"主题阅读体系包括"疾病与健康""情绪与健康""电子时代与健康""生活方式与健康"四大板块，主题更加系统化。

备课组教师围绕"健康的生活方式"主题一共搜集到了120多篇文章，我们根据篇章结构和学生的认知水平筛选出了18篇来进行精读和泛读，精读和泛读的比例如表2-8所示。其中，精读文章4篇，泛读文章14篇，另外还有作业阅读10篇。在决定文章是采用精读还是泛读的方式进行阅读时，需要考虑精读或泛读的必要性。精读课主要选择篇章内涵深刻、结构典型、语言丰富，需要学生深度理解和表达的文章，而其他一些文章只做泛读，起到帮助学生拓展对主题的理解即可。另外，涉及读写结合课时，就要选择适合学生借鉴、语篇结构清晰、内容丰富和语言精练的文章，以便更好地发展学生的写作能力。

表2-8 "健康的生活方式"主题文章课型与教学目标

课时	课型	次主题	教学目标
第一课时	以泛读为主的精读与泛读结合课	疾病与健康：认识近视（精读1篇，泛读3篇）	1. 学生能够通过课前、课中和课后的系列阅读，对眼睛的功能、结构和常见问题有所了解。在此基础上，重点对近视这个最常见的问题形成比较全面深刻的认识，如近视的定义、现状、成因以及预防和改善的措施等 2. 学生能够梳理出文章的框架和脉络，归纳概括出文章的主旨、要义，并能够用网络图或者框架图的方式呈现出所获取的主要信息 3. 引导学生认识到学习科普知识的意义：用知识指导自己的生活，通过传播知识来改变他人
第二课时	精读与泛读结合课	情绪与健康：压力的来源、成因、危害、消除（精读1篇，泛读3篇）	1. 概括文章主题，理清文章的框架结构，拓展、内化描述压力、解决压力的语言 2. 理解解决压力的理论方法，深化积极解决压力的思考方式 3. 能够根据文本提供的思考方式，口头表达自己的压力、感受及解决方法
第三课时	泛读课	电子时代与健康：大数据、现代中国的四大新发明等（泛读5篇）	学生能够获取相关话题文章的主要内容，并能够用写出文章的概要
第四课时	泛读课	生活方式与健康：慢食、过度工作、快餐广告诱导过量食用快餐、睡眠与健康等（泛读5篇）	学生能够快速获取关于相关话题文章的主要信息，并概括文章的主要内容
第五课时	读写结合课	某一健康问题及解决方式（精读1篇）	学生能针对某一健康问题进行深入思考，构思出写作框架，列举其危害，并提出正确的解决方式，并用英语准确描述

四、利用思维导图等工具助力语篇整合,帮助学生形成结构化认知

主题阅读的一大优点,是围绕相同的主题进行了多语篇的输入。为了提升输入的质量,帮助学生建立语篇间的横向联系,加深输入过程中语言的内化,教师可以引导学生用思维导图等工具梳理单元主题内容。有了思维导图的辅助,学生在梳理的过程中既有对文本内容横向联系的梳理,又有对核心要点的提炼,这有利于学生思维的逻辑化和条理化,有利于学生概括能力的提高。

下面以北京十一实验中学于红老师开展的"环境保护"的主题阅读单元为例,来说明思维导图在帮助学生形成结构化认识上的作用。本单元阅读的主题是"环境保护",次主题包括"污染"和"动物"。学生进行了单元主题下的精读和泛读之后,教师布置了任务,请学生再次阅读整个单元的阅读文章,用思维导图的形式概括阅读的主要内容。学生制作出了多种多样的单元思维导图,呈现了自己对"污染"和"动物"主题所形成的概念化知识,以下为部分学生的作品。

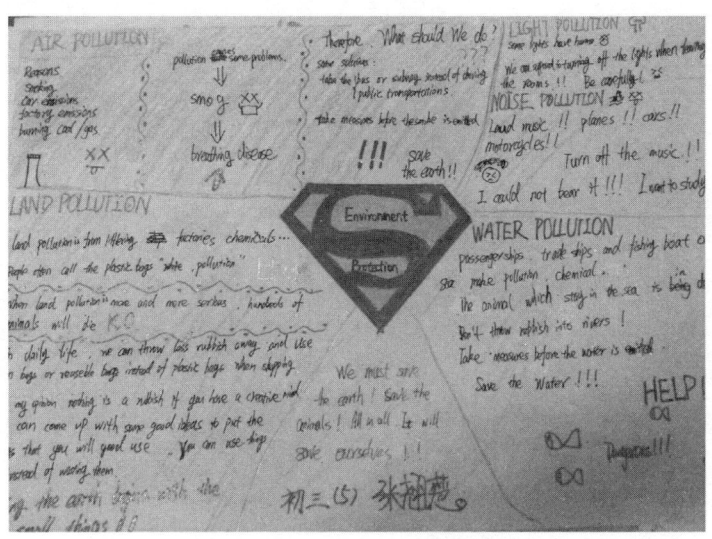

图2-8 "环境保护"思维导图 1

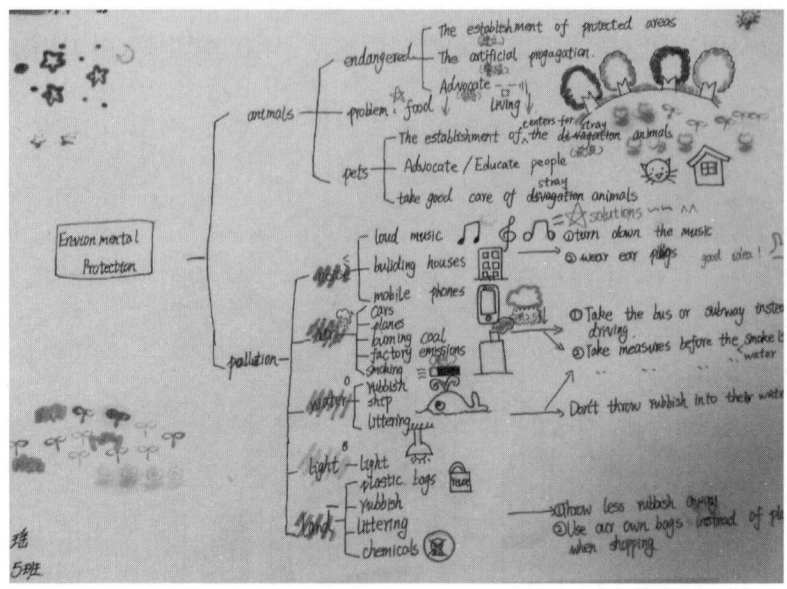

图2-9 "环境保护"思维导图 2

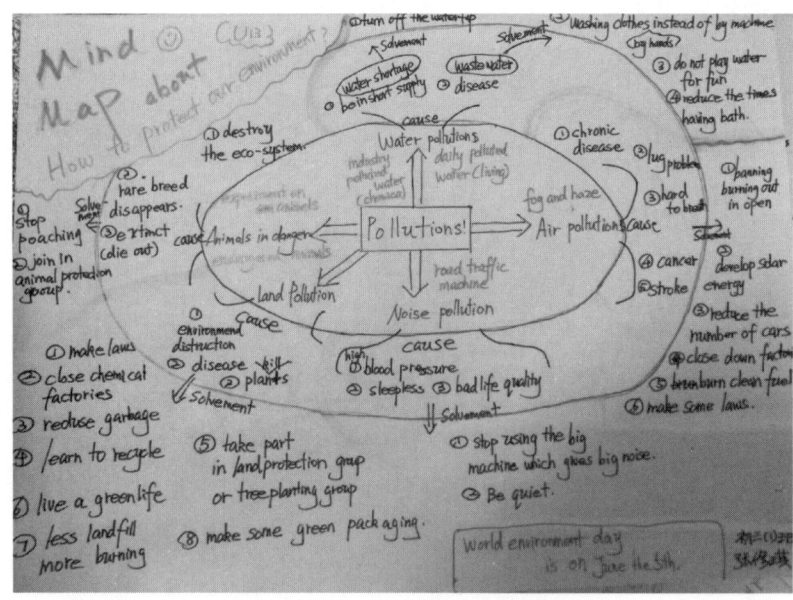

图2-10 "环境保护"思维导图 3

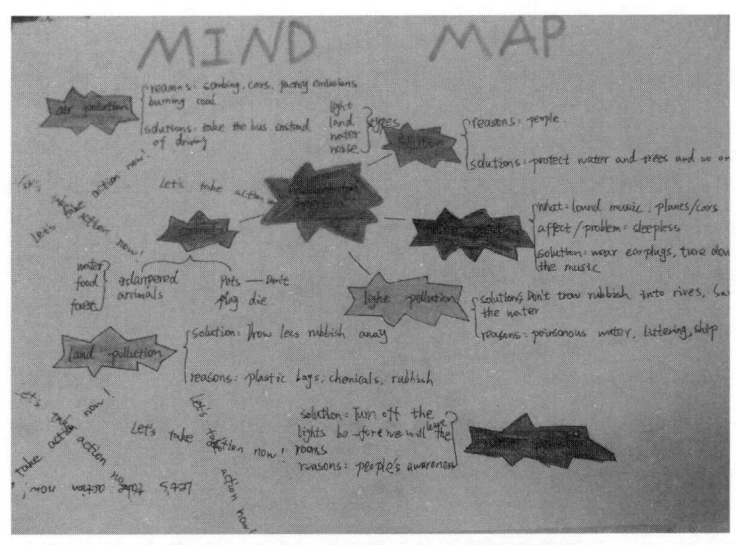

图2-11 "环境保护"思维导图 4

从以上几幅图可知,学生的思维导图采用不同的方式,如图2-8、图2-9的线性思维导图,图2-10、图2-11的环状思维导图,呈现了单元的主题内容,即几种污染的类型、成因和解决措施。同时,学生在主题意义构建的过程,梳理了话题核心词汇,这样有利于话题词汇的积累。另外,有的学生用超人、图标等简笔画呈现了对主题内容的理解,体现了多元智能的融合使用,助力对主题阅读内容的理解。

五、在主题意义的探究中帮助学生发展阅读策略,积累知识

在整体阅读中,读者往往不是对课文中所有的词做精确的解码,回答字面上的理解问题,而是综合自己的知识来构建语篇的意义;不是只掌握一些孤立的技能(如略读、扫读等),而是在真实的阅读情境中灵活地运用阅读技能来推导出意义。读者在阅读过程中,要跳出对局部的理解而把握整体的内容。如果只关注对局部的理解而忽略了对整体的关注,那么即使对局部理解再透彻也不能理解文本的整体内涵。这种情况下,就需要使用一些阅读策略,因为这是有效阅读的需要,也是评价阅读能力的一个重要维度。

例如,学生在阅读一篇关于接受阳光照射与儿童睡眠关系的研究报道时,很容易因其话题偏僻、词汇专业性强、句子结构复杂,而关注细节,

忽略整体理解。这时教师就可以让学生使用思维导图来梳理文章的框架结构，从整体上把握文章的内容，进而了解此项研究的目的、方法、过程、原理、结论、价值等。

再如，教师让学生在阅读完一篇关于数字时代对美国青少年的影响的文章后概括数字时代对青少年有哪些影响。学生在概括的过程中发现，除了第二段之外，其他各段的段首句就是对影响的概括（见表2-9），而这些段首句也就是主旨句，可以帮助学生快速读懂文章。于是，教师可以首先引导学生分析文章各个段落的主旨句和段落内的细节支撑结构，接着再引导学生探究数字时代对美国青少年的影响的主题，最后，引导学生联系自身对文本进行更加深入的思考。

表2-9　学生阅读数字时代对美国青少年的影响的文章时标画的主旨句

第一段：Teachers say that the digital（数字）age has had a good influence and a not-so-good influence on American teenagers. ...

第二段：... She says digital research tools are helping students learn more, and learn faster. ... And the goal is to really help...

第三段：But one problem the survey found is that these technologies make teenagers have short attention spans（持续时间）. ...

第四段：Another problem the survey found is that many students trust the information they find on the Internet too much. ...

第五段：One more problem the survey found is something that might not seem like a problem at all: being able to quickly find information online. ...

第六段：Many teachers also say that the Internet makes it easy for students to copy work done by others instead of using their own abilities.

关于概括主旨句的技能，教师其实没必要用大量时间让学生进行训练，因为主旨句的重要性及其常见位置等是完全可以让学生在阅读不同的主题文章中充分体验、自然而然地掌握。专门针对这一点进行训练，会冲淡学生对文章主题意义的理解。

阅读文本是词汇运用的真实情境，赋予了词汇语用意义。因此，教师引导学生在文本主题情境中发现词汇的意义、学习词汇的用法，并迁移到新的情境中，可使得词汇的学习效果事半功倍。

表2-10是在Hearing loss的阅读理解活动完成后，教师有意识地引导学

生依托语境进行的词汇学习。在阅读理解文章后，教师让学生圈出了文章里的话题词汇，并将其按名词、动词、形容词或副词进行了分类、整理，标注了其常见的汉语意思，并在文章中用彩笔进行了标画，方便学生在文章情境中内化、记忆词汇。

表2-10　Hearing loss阅读理解活动完成后，学生的词汇分类积累

名词	screen	屏幕	expert	专家	digital device	数码设备
	distance	距离	discomfort	不舒服	nearsightedness	近视
	proof	证据	damage	伤害	tiredness	疲惫
动词	cause	导致	develop	发展	include	包括
副词	normally	正常地				

除了核心词汇在文章中自然而然地不断复现和教师有意识地引导学生将词汇进行分类、整理外，教师还可以在每节课的课前针对上一节课学习的词汇，请学生到黑板上或在笔记本上进行听写练习，这样既能加强学生积累词汇的意识和能力，又能促进核心话题词汇在情境中的积累。

第四节　主题阅读的评价设计

阅读评价更多关注的是读者的阅读结果或者评价预期的阅读结果，很少关注阅读过程，所以阅读评价很难为阅读教学提供有益的参考。因此，主题阅读的评价要尽可能减少对阅读结果的关注，更多地关注阅读过程。从阅读过程来说，主题阅读是为了让阅读者体会到阅读的快乐，在阅读中构建主题意义。因此，主题阅读的评价设计应该遵循以下原则。

一、评价内容的全面性

主题阅读的评价除了评价阅读的效果外，还应回归阅读的本源，关注学生阅读过程中的感受。因此，评价内容既要关注阅读的结果，还要关注

阅读的过程。例如，主题阅读前，评价学生阅读兴趣的激发、情绪的准备等；主题阅读中，评价学生对主题意义的构建、阅读策略的使用情况、主题情境下基础知识的积累等；主题阅读后，评价学生对相关主题的批判性思考、阅读所得在同主题写作中的迁移运用等。

二、评价主体的多元化

评价的主体可以是多元的，因为学生既是学习的主体，也和教师一样同为评价的主体。学生可以在教师的指导下，学习使用适当的评价方法和可行的评价工具，积极参与评价，发现和分析学习中的具体问题。学生还可以依据评价标准开展自评和互评。学生之间、师生之间可以进行评价信息的互动交流，这样可以促进学生自我监督式地学习，并在相互评价中不断反思，取长补短，总结经验，调控学习，把教学评价变成主体参与、自我反思、相互激励、共同发展的过程和手段。

评价的主体多元，可以从多个角度更好地对评价的过程和结果进行反思、评价，也可以更加全面地对学习过程和结果进行诊断和反馈，以便更好地进行调整和改进。

三、评价目标的多维化

教学评价是英语课程的重要组成部分，而教学设计中要遵循教、学、评的一致性原则。《普通高中英语课程标准（2017年版）》中提到英语课程具有重要的育人功能，旨在发展学生的语言能力、文化意识、思维品质和学习能力等英语学科核心素养，落实立德树人的根本任务。因此，评价应聚焦并促进学生英语学科核心素养的形成及发展，评价目标不仅要关注学生的语言能力发展，还要关注学生的思维品质，跨文化能力的形成，以及学生学习能力的发展。

主题阅读中的评价目标主要包括以下几个方面：①评价学生在构建主题意义的过程中获取信息，概括主旨，推理判断，猜测词义，理解作者的意图、观点、态度等语言能力的发展。②评价学生获取文化知识，理解文化内涵，比较文化异同，汲取文化精华，形成正确的价值观，增强文化自信，形成自尊、自信、自强的良好品格，具备一定的跨文化沟通和传播中华文化的能力。③评价学生在阅读中思维的灵活性、敏捷性、深刻性、批判性和创造性。④评价学生是否树立了正确的英语学习观，是否对英语阅读感兴趣，是否会选择恰当的阅读策略与方法，是否会通过监控、评价、反思和调整自己的学习内容和进程，逐步提高使用英语学习其他学科知识的意识和能力。

四、评价形式的多样化

英语课程的教学评价重在通过对日常教学和学习情况的过程性观察、监控、记录和评估，全面了解学生的个性特征、学习效果和发展潜能，关注学生的学习过程和成长经历。因此，教学评价的形式应是多种多样的。

在设计和实施主题阅读评价的过程中，教师可以根据主题阅读各个阶段的教学特点与评价目的，充分考虑学生的年龄、心理特征及认知水平，选用合理的评价方式，实现形成性评价与终结性评价相结合。如在主题阅读前，可以通过头脑风暴或讨论的方式了解学生的认知水平；在阅读过程中，可以通过课堂观察了解学生的情绪、阅读速度等，也可以通过让学生回答开放性问题的方式了解学生的阅读效果；在泛读课后，可以通过思维导图的方式了解学生对单元主题内容的意义构建结果。

下面举例说明主题阅读评价的原则。在"健康"主题的单元阅读中，我们设计的输出任务是让学生整合所学内容，制作中学生健康手册。在学生学习本单元之初，教师就给学生布置了以小组为单位制作中学生健康手册的任务，让学生以完成任务为驱动进行单元的学习。为了引导学生做好健康手册，教师在布置任务之后，带领学生一起思考和制订了健康手册的评价量规（见表2-11），让学生明确评价任务完成情况的标准和尺度。有了标准，学生就可以随时对照标准评价任务的完成情况，并根据标准进行调整。制订出的评价量规主要包括内容、语言、逻辑、小组合作四个方面。内容上，引导学生至少从主题的三个方面来表达内容；语言上，要求学生尽可能用准确、丰富的语言表达内容；逻辑上，引导学生有条理、有逻辑地表达内容；小组合作上，要求学生通力合作，合理分工。通过输出任务，把本单元的知识和能力目标与任务衔接，并在理解的基础上整合信息，学生通过完成任务，可以更加深入地理解主题、拓展主题，并用英语进行表达，达到内容和形式的统一，实现语言的工具性和人文性的统一。教师设计单元任务，以任务驱动的形式激发学生的学习动机。为了完成任务，学生的学习目的更加明确，还可以一边学习一边评价自己任务的完成情况。

在此评价案例中，评价的主体是多元的。因为除了教师可以依据评价量规对学生进行评价外，学生也可以依据评价量规进行自评、互评、小组评。在制订评价量规的过程中，学生明确评价的内容，即需要从内容、语言、逻辑和小组合作方面评价健康手册，评价内容全面而深入。同时，评价健康手册的内容是为了评价学生对于主题意义的理解，评价健康手册的语言是为了评价学生语言能力的发展程度，评价健康手册的逻辑是为了评价学生的思维品质，评价健康手册的小组合作是为了评价学生的学习能力。因此，评价目标是多维的。评价方式是过程性评价，学生一边学习一边构思健康手册的框架结构、搜集和整理素材。随着单元阅读内容的不断丰富，学生的手册内容也逐渐变得充实、完整。

表2-11 中学生健康手册评价量规

	优 秀	良 好	一 般	待提高
内容 （40分）	1. 主题和框架介绍清晰 2. 问题和目的描述清晰 3. 有来自研究（书刊、报纸网站）的相关证据，证据充实 4. 建议合理、有逻辑性、有充足的解释	1. 有主题和框架的介绍 2. 有问题和目的描述 3. 提供一两种相关研究的证据 4. 建议合理、有逻辑性，有一定的解释	1. 有主题的介绍 2. 有问题的描述 3. 有一点证据 4. 有简单的建议，有少量的解释	1. 主题和框架与任务的相关性弱 2. 有少量或没有来自研究的证据支持 3. 简单的建议

续表

	优 秀	良 好	一 般	待提高
语言 （30分）	1. 表达准确，语法正确 2. 语言丰富，句式多样	1. 表达准确，有少量不影响理解的语法错误 2. 语言丰富	1. 表达基本达意，有一些语法错误 2. 词汇使用不十分准确	语法和词汇使用错误较多
逻辑 （15分）	1. 结构清晰 2. 逻辑性强	1. 有一定的层次结构 2. 大部分内容逻辑清晰	1. 部分内容逻辑清楚 2. 一些细节与主要内容不相关	逻辑混乱
小组合作 （15分）	1. 所有成员共同合作 2. 组员分工合理	1. 所有成员共同合作 2. 不是所有组员都有明确分工	1. 大部分组员合作 2. 大部分组员都有分工	1. 仅有一两个成员介入 2. 组员没有明确分工
总分				

第三章　初中英语主题阅读的精读课活动设计

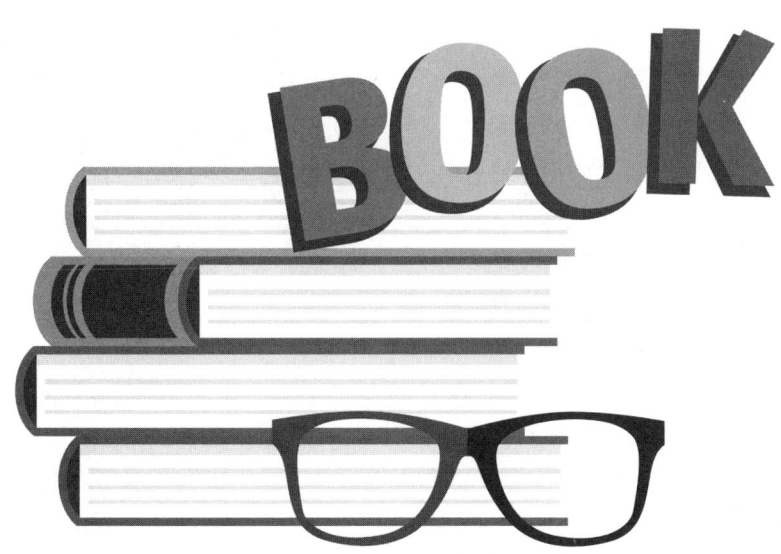

在精读课中,阅读理解的过程就是教师引导学生构建文本主题意义的过程。在文本主题意义构建的过程中,教师要引导学生掌握学习策略,发展语言技能,内化语言知识和文化知识,潜移默化地形成正向的情感、态度和价值观。整个精读课的设计过程如图3-1。

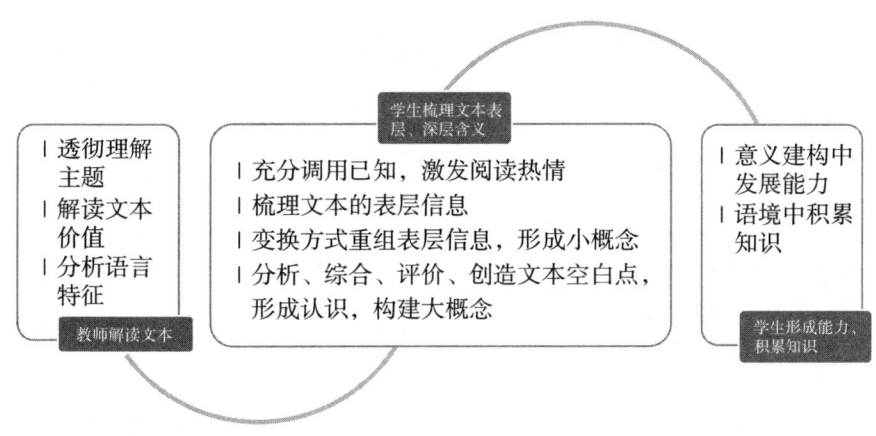

图3-1 精读课的设计过程

在精读课的设计过程中,教师解读文本是教学设计的起点,它决定着整个阅读设计的方向,其重要性不言而喻。教师解读文本的方法请参阅本书第二章第三节主题阅读的活动设计部分。教师首先进行文本解读,对文本形成正确的价值定位后,再基于学情,引导学生对文本进行由浅入深的意义构建,展现学生的思维过程。阅读过程应以引导学生构建文本主题意义为主线,并注意让学生进行语言知识的积累,必要时也可以进行简单的操练。

本章下面两个精读课例,均以学生构建文本主题意义为阅读主线。其中,第一个课例的意义构建是以教师精心设计的问题链为主线,推动学生完成意义构建;而第二个课例则是由教师激发学生提问,学生提出问题后,通过阅读解决问题,并再次提出新的疑问,然后再带着疑问阅读,并解决疑问,从而完成意义构建的。

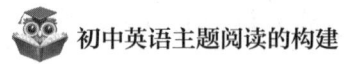

第一节　问题链引导学生逐层探究主题意义

本节课是"人际交往"主题下关于"友谊"话题的精读课，基于人教版英语八年级上册Unit 3. I'm more outgoing than my sister. Section B. 2b的阅读文本。本节是笔者基于指导的北京交通大学附属中学郭洁老师执教的一节区级研究课整理而成的。

一、文本分析

本单元以"友谊"话题为线索，展开对好朋友标准的讨论及朋友之间的对比，其中Section B. 2b 呈现了三个文本，内容分别是Jeff Green，Huang Lei，Mary Smith对自己和朋友的性格的介绍，以及各自对朋友的看法。本节课的重点是用形容词描述性格，并用形容词比较级对比不同人的性格特点。除此之外，文本中还用了一个含有like的比喻句来描述友谊。概括而言，三个文本中，Jeff Green认为朋友要和自己是同一类人；Huang Lei认为朋友没必要和自己一样，互补会更好；Mary Smith不在乎朋友与自己是相同还是不同。教材编者选择该文本就是希望学生能够介绍自己和朋友的性格特点，并通过对比理解自己的朋友。

执教班级的英语成绩比较突出，学生通过对本单元Section A部分的学习，对形容词和副词的比较级的用法已经比较熟悉，已不再满足于简单重复的练习，他们渴望鲜活的语言材料，并从中获取更多有意思的信息。而Section B. 2b 的三个文本能够启发学生思考自己的朋友，但是不足以激发学生对真正的朋友的内涵的深入思考。其实，八年级的学生对于真正的朋友应该已经有了自己的判断，并知道该如何交到真正的朋友。因此，我们希望通过阅读这三个文本，能启发学生对朋友有更深层次的理解，去寻找他们人生中真正的朋友。在精读本课时，我们希望学生能真正理解友谊的内涵。为此，教学设计要充分基于学生对朋友的认知水平，引导学生通过阅读这三个文本，不断深入思考真正的朋友的内涵。当文本内容不足以支撑学生深入思考主题意义时，教师要通过提问搭建支架，提供更加丰富的文本，即补充一个发生在人和动物之间的特殊友谊的故事，引导学生思考如何结交有正能量的朋友。三个阅读文本如下（其中有下划线的句子，最初提供给学生时为空白）：

Jeff Green

<u>My mother told me a good friend is like a mirror.</u> I'm quieter and more serious than most kids. That's why I like reading books and I study harder in class. My best friend Yuan Li is quiet too, so we enjoy studying together. I'm shy so it's not easy for me to make friends. But I think friends are like books — you don't need a lot of them as long as they're good.

Huang Lei

<u>It's not necessary to be the same.</u> My best friend Larry is quite different from me. He is taller and more outgoing than me. We both like sports, but he plays tennis better, so he always wins. However, Larry often helps to bring out the best in me. So I'm getting better at tennis. Larry is much less hard-working, though. I always get better grades than he does, so maybe I should help him more.

Mary Smith

<u>I don't really care if my friends are the same as me or different.</u> My favorite saying is, "A true friend reaches for your hand and touches your heart." My best friend Carol is really kind and very funny. In fact, she's funnier than anyone I know. I broke my arm last year but she made me laugh and feel better. We can talk about and share everything. I know she cares about me because she's always there to listen.

二、教学目标

在本节课结束时，学生将能够：

① 提取有关Jeff Green，Huang Lei，Mary Smith的朋友的特定信息。

② 表达出Jeff Green，Huang Lei，Mary Smith对他们的朋友的看法。

③ 总结什么是真正的友谊。

④ 推断是什么使Hachi成为一个真正的朋友的。

⑤ 用明喻的修辞手法写出自己对好朋友的理解。

三、教学过程

【活动1】学生谈论自己的朋友，以及交朋友的过程

教师一开始就抛出问题：Do you have friends? Describe your friends and how you became friends. 课堂气氛非常活跃，学生争相描述自己的朋友，以及交朋友的过程。

在愉快的氛围中，教师抛出第二个问题：Should friends be the same or different? 学生纷纷表达自己的观点。教师没有急于请学生回答该问题，而是呈现了Jeff Green，Huang Lei，Mary Smith三个人的照片，问学生这三个人的朋友与他们相同还是不同。学生很好奇，期待通过阅读了解这三个人的朋友。

【活动2】学生独立阅读，找到三个人的朋友与他们相同还是不同的答案，并补全文本

学生独立阅读文本，找到三个人的朋友与他们是否相同，并尝试把下面的三个句子还原到文本中。

A. I don't really care if my friends are the same as me or different.

B. My mother told me a good friend is like a mirror.

C. It's not necessary to be the same.

实际上，这三个句子恰恰是三个人的朋友观。学生需要根据段落内部的层次结构和意义关联判断这三个观点分别属于哪个人。学生通过仔细阅读，发现A句是第三段中Mary Smith的观点，它与下文中Mary Smith认为 A true friend reaches for your hand and touches your heart. 的观点，以及讲述的朋友帮助自己的故事相符。B句与第一段中Jeff Green描述的自己和朋友的性格特点同属于安静型的一致，是第一段的主旨句。C句与第二段中Huang

Lei描述的自己与朋友不同的例子相吻合，是Huang Lei对朋友的看法。通过这样的分析，学生自然会对三个人的朋友观有初步的了解。

【活动3】细读文本，找到三个人的朋友，并填写其朋友与他们的相同点与不同点

学生第二次阅读时，需要细读文本，补全表格（见表3-1），找到三个人的朋友是谁，他们与朋友间的相同点和不同点是什么。

表3-1 Friends' Differences and Similarities

Name	Friend's name	Differences	Similarities
Jeff Green	*Yuan Li*	*more serious*	*quiet* *enjoy studying*
Huang lei	*Larry*	*taller* *more outgoing* *play tennis better* *less hard-working*	*like sports*
Mary Smith	*Carol*	*funnier*	

表格中画线部分的内容是学生提取的信息。学生在阅读文本时，很快就能提取出三个人的朋友的名字和相同点，对于不同点，学生在记录信息时会纠结，因为文本中叙述的主体有时是朋友，有时是这三个人自己。学生需要根据主语的不同对提取的信息进行转换。

【活动4】提取信息，学习表达

教师引导学生根据问题和提示词，口头描述Jeff Green，Huang Lei，Mary Smith这三个人的朋友或他们与朋友之间的故事。具体问题和提示词如下：

① If you were Jeff Green, what kind of friends would you look for ?

If I were Jeff Green, I would look for friends who are...

② Describe Larry, Huang Lei's best friend.

（tall，outgoing, like sports, play tennis, bring best out in Huang Lei, hard-working, get worse grades...）

③ Tell a short story between Mary and Carol according to the Passage.

（funny, share, listen...）

教师给出的问题和回答必须使用的提示词和句型，一方面可以为学生回答问题搭建台阶，另一方面也可以帮助学生学习、内化语言。学生在根据Jeff Green，Huang Lei，Mary Smith三个人对朋友的描述和朋友观来口头描述他们的朋友时，既练习了语言，又加深了对三个文本的理解。

【活动5】批判性思考三个人的朋友观

学生再次阅读这三个文本，回答下列问题。

① How do you understand that a good friend is like a mirror?

② Why does Jeff Green think that we don't need many friends?

③ Why does Huang Lei say Larry is a good friend even if Larry always wins in tennis?

④ Why should Huang Lei help Larry?

⑤ What is important for Mary Smith in friendship?

在回答问题的过程中，学生需要针对Jeff Green，Huang Lei，Mary Smith三个人对待朋友的态度发表自己的看法，这样，他们的批判性思维会得到很好的锻炼。

学生纷纷发表自己的观点，课堂生成非常鲜活。关于问题①，有的学生认为，Jeff Green说的好朋友就像一面镜子，指的是好朋友和自己很像，就像镜子中的自己；也有学生说好朋友就像一面镜子，是借鉴了"以人为镜"的说法，意思是好朋友会非常客观地对自己提出意见或建议。针对问题②，学生理解到好朋友不在于多，就与读书一样，只要书好，不在于数量多。针对问题③，Huang Lei认为Larry在网球比赛中总是赢，这会激发自己继续练习以提高网球技能，所以他认为Larry是个好朋友。针对问题④，学生认为朋友之间就应该相互帮助。关于问题⑤，学生认为Mary Smith最在意朋友的关爱、分享和倾听。

在学生讨论问题①的过程中，教师引导学生理解句子a good friend is like a mirror所使用的明喻的修辞手法，并教给学生明喻的概念，即把人比喻成事物来更好地描绘人物。

【活动6】小组讨论好朋友的构成要素

学生在依据文本语境，理解了Jeff Green，Huang Lei，Mary Smith三个人的朋友观后，对于什么是好朋友展开了激烈的讨论。

学生分享讨论结果时，教师帮助学生将讨论结果整理到PPT上，一共讨论出了下面这些好朋友的构成要素：倾听（listening to friends）、分享（sharing everything）、互相尊重（respecting each other）、互相信任（trusting each other）、支持（being supportive）、为朋友而放弃一些东西（giving up something for friends）、互相学习（learning from each other）。

【活动7】阅读故事，回答问题

教师首先提问，引导学生思考：Does a friend always have to be a person? Who else or what else can be your friend?

学生摇头表示不一定。接着，教师向学生呈现一条狗的图片——Hachi，并询问学生是否知道关于这条狗的故事。结果是，几乎没有学生知道这条狗的故事。于是，教师简短介绍一位教授和一条名叫Hachi的狗之间的故事，并请学生阅读故事，思考下面的两个问题：

① What do you think of the dog, Hachi?

② Do you want to find a friend like Hachi and why?

故事原文如下：

Hachi

One saying is "A good friend is like a dog who will always wait for you".

Years before, a puppy was lost on its way to America. Nobody wanted to take that puppy, and then Mr. Parker took him home.

Parker called the dog 'Hachi'. A few years later, Hachi and Parker were as close as ever.

Every morning Hachi followed Parker to the train station and waited for him in the afternoon and then they walked home together. Until one afternoon, when Parker was teaching his class, he suddenly got a heart attack and died. Poor dog waited for his friend who never returned. That afternoon Hachi stayed in the snow for several hours. For the next nine years, Hachi waited for his friend. Ten years after Parker's death, his wife came back to visit Parker's grave, shocked to see Hachi at the station, old, dirty and weak, still waiting for Parker. That day he lied down in the snow and fell asleep for the last time. Parker, his best friend, came, picked Hachi up, walking away and their spirits came together forever.

学生深深地被Hachi的故事打动了，纷纷发表了自己的看法，从中领悟了朋友间的心心相通。

【活动8】运用明喻的修辞手法，表达自己的朋友观

教师提出写作任务：用明喻的修辞手法表达自己的朋友观。教师首先给学生一个示范：Friends are like pillows to comfort me when I am tired. My good friend is my cat, Cathy. Whenever I am down, she is always there to listen to me.再次强调使用明喻的修辞手法时，要抓住本体和喻体之间的相似性。

学生独立撰写自己对朋友的看法，分享时大家非常兴奋，迫不及待地想倾听同学的朋友观。有的学生认为朋友像指南针：Friends are like a compass to help me out when I lose my way. My best friend is Anna. Whenever I have troubles, she is always there to help me. 有的学生认为朋友就像一棵遮风挡雨的大树：A good friend is like a tree. Because he is strong and tall and can give me something to lean on, and will block wind and rain from me.还有学生把朋友形象地比喻成彩色画笔，认为朋友能帮助我们书写绚丽的人生：Friends are like crayons. They make your life colorful. My friend Lily likes watching movies. She always tells me exciting stories after she watches a movie. 更有学生把朋友比喻成点亮自己人生的星星：Friends are like stars. When they come into my life, they light up my whole world and me.

【活动9】品读诗歌、沉淀感情

教师请学生一起朗诵一首小诗*Forever Friends*，体会永远的朋友带给自己的震撼和思考。

Forever Friends

When you're down,

Your forever friend lifts you up in spirits.

When you lose your way,

Your forever friend guides you and cheers you on.

If you find such a friend,

You feel happy and complete,

Because you need not worry,

You have a forever friend for life,

And forever has no end.

【活动10】学生回顾，板书内容

Unit 3　I'm More Outgoing than My Sister

Simile：

A good friend is like a mirror.

Friends are like books.

A good friend is like a dog who will always wait for you.

【活动11】布置作业

Watch a movie：*Hachi：A Dog's Tale*

四、教学效果评价

课堂上，师生互动融洽，其乐融融。在课后议课的过程中，教师们纷纷发表了对本节课进行课堂观察后的感受，概括如下：

第一，学生逐层深入理解了"朋友"的深刻内涵。首先，学生理解了文本中三个人对朋友的看法：Jeff Green认为好朋友就像一本好书，不在多，贵在真；Huang Lei认为好朋友之间应该能够互相帮助，激发彼此的潜能；Mary Smith认为好朋友之间应该能彼此握紧对方的手，并关爱、在乎彼此。其次，教师引导学生通过讨论，理解了好朋友的构成要素。最后，教师引导学生阅读了一条忠诚的狗Hachi的故事，将学生对"朋友"的理解进一步升华——好朋友还可以是自己的宠物、一个心爱的物件等，好朋友一定与自己心有灵犀，彼此关爱，能带给自己精神力量。这样层层深入，启迪学生深思了自己的好朋友是怎样的，反思了自己是否是一个合格的好朋友，并鼓励学生一定要多结交好朋友。

第二，输出环节引导学生使用明喻的修辞手法表达自己的朋友观，使学生在运用中积累了知识。学生在本节课需要掌握的一个知识是明喻。教师在课内阅读中引导学生学习和理解明喻，在课外阅读中帮助学生学会运用明喻，并在学生对"朋友"有了深入的理解时，引导学生用明喻的修辞手法表达自己的理解。在创设的表达情境中，学生深入思考了朋友给予自己的精神力量和具体的行为表现。

第三，问题链串起整个阅读过程，促进了学生对主题的理解。在本节课中，教师巧妙设计了问题链，引导学生围绕主题进行了意义探究。第一个文本引入时，教师借助问题"Do you have friends? Describe your friends and how you became friends."营造了轻松的交流氛围，阅读前的导入性问题"Should friends be the same or different?"明确了学生在阅读中需要获取关于Jeff Green，Huang Lei 和Mary Smith三个人的朋友的名字，以及与他们的相同点和不同点等信息。接下来，阅读中的问题是请学生用自己的话描述三个人的朋友观。阅读后的问题是讨论好朋友的构成要素。接下来，用问题"Does a friend always have to be a person? Who else or what else can be your friend?"导入课外阅读文本。阅读后请学生评价Hachi，并说明自己是否想要像Hachi这样的朋友以及理由。最后，教师请学生用明喻的修辞手法来表达自己的朋友观。整节课，学生在教师层层递进的问题链的引导下逐步加深了对朋友的理解，且课堂气氛融洽。

第二节　激发学生提问，
　　　　促进学生深度解读文本

本章第一节中关于"友谊"的案例，精妙之处在于教师通过层层深入的问题链和补充素材引导学生深入思考友谊的内涵。教师的问题链为学生的思考提供了支架，引导学生对主题进行层层深入的理解，这当中起决定作用的是教师所提出的高阶思维问题。那么，如何才能引导学生自发提出高阶思维问题，学会在阅读中深入理解文本的深层内涵呢？这是阅读教学不懈追求的方向，也是真正引导学生学会阅读的最终目的。

本节将以七年级"生命在于运动"主题下的"My favorite sport"阅读课为例，结合笔者指导海淀区教师进修学校附属实验学校丁翊达老师在一节区级研究课中的三次改进过程，呈现如何帮助教师转变观念，激发学生自主提问、自主阅读、探究文本内涵的过程。

故事内容介绍：

本节阅读课的阅读材料是Andrew Frankl所写的故事Favorite Sports。故事的主人公是从美国马里兰州来的新生Nick，当教师第一次问他最喜欢的运动是什么的时候，他不敢说出自己真实的爱好——冰球，而是纠结、紧张，因为他一是怕从小在佛罗里达州长大的同学不知道冰球是什么，二是怕因与班上其他同学的爱好不同而受到他们的嘲笑。后来他与爸爸交流，爸爸给出了邀请班上的两个同学（Dave and Tommy）一起看冰球比赛的建议。应邀看完冰球比赛后，Dave and Tommy也爱上了冰球。最后，当教师再次问Nick最喜欢的运动是什么的时候，Nick和他的两个同学（Dave and Tommy）高兴地说他们喜爱冰球。

故事文本：

Favorite Sports

By Andrew Frankl

"What's your favorite sport, Nick?" Ms. Rodgers asked. Nick thought for a moment. Everyone in the class was looking at him. He was nervous. He needed a good answer, "I like soccer." Everyone smiled. A few people said, "I like soccer, too!" That was a safe answer. Nick really liked ice hockey, but no one else in class liked it. He wished he could be honest, but he worried about what they would say. They would say things like, "Ice hockey? Why?" or "What is that?" They didn't know about it.

Nick came from Maryland. Up North, all the kids liked ice hockey. Down in Florida, kids loved soccer. He didn't really understand why they didn't like ice hockey.

He asked his dad when he got home, "Why don't the kids here like ice hockey?"

His dad smiled, "Their families grew up watching soccer. They like soccer. We grew up watching ice hockey, so we like ice hockey."

"They are so similar."

"You're right. They both have goalies. They both have nets. The scoring and penalties are nearly the same, too."

"Ice hockey is played inside in a cool area. Playing soccer is hot and sweaty," Nick sighed.

"Why don't you invite a couple of kids to the next game?" Dad suggested, "We will take them with us."

Nick did that. He asked his friends Dave and Tommy. They did not know about ice hockey. They had never been to a game before. They were excited to go.

At the game, they had hot dogs and soda. They watched the game. Dave and Tommy asked Nick many questions about the rules and the teams. They watched with great interest. All of them had fun.

The next time at school when Ms. Rodgers asked Nick what his favorite sport was, he said, "Ice hockey." Dave and Tommy grinned and said, "We like ice hockey, too!"

Nick was happy. He liked it when other people liked the things he liked. It made him feel like he had friends who understood him.

本案例在实践的过程中采用了课例研究的方式，笔者指导授课教师多次试讲，并不断改进，最后教师超越自我，敢于放手，给予了学生充足的阅读及提问的时间和空间。具体改进过程如下：

第一稿的设计

一、教学目标

在本节课结束时,学生将能够:
① 理解主人公Nick心情变化的原因。
② 分角色表演故事的一幕。

二、教学过程

读前活动

【活动1】猜运动名称

为了引导学生快速进入阅读话题,学生根据教师的英文描述猜测体育运动名称。其中,羽毛球、慢跑等体育运动名称属于已学过的单词,冰球(ice hockey)属于新词。学生通过猜测冰球这项运动的名称学习冰球这一生词。

读中活动

【活动2】快速阅读并概括故事的主要内容

学生独立快速阅读故事,并通过回答问题 "What's the story about?" 概括故事的主要内容。此问题的设计是为了引导学生快速阅读并概括故事的主要内容,养成快速阅读的习惯。

【活动3】阅读故事的第一部分(第1段),并回答问题

教师引导学生第二次阅读故事,并回答下列问题:①Why did Nick say he liked soccer in class? ②Why was that a safe answer? ③What was Nick's feeling when he said "I like soccer"?

当学生回答上述问题时,教师板书故事发生的地点、人物和人物的心情,帮助学生梳理故事的主要脉络。有了这样的梳理,学生能够很清晰地了解故事的梗概以及人物的心情。

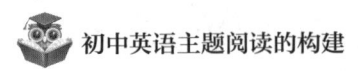

【活动4】阅读故事的第二部分（第2~6段），理解Nick和其他同学喜欢不同运动的原因

教师引导学生阅读，并说出Nick与其他同学喜欢不同运动的原因。当学生说出Nick和其他同学喜欢的运动不同是因为他们居住的地方不同时，教师适时呈现美国地图，帮助学生直观地看到Maryland和Florida两个州在美国地图上的位置，理解两地人喜欢不同运动的原因。

【活动5】阅读故事的第三部分（第7~10段），并回答问题

学生阅读故事的第三部分，回答问题：Did Dave and Tommy like ice hockey? Why? 此活动的设计意图是引导学生聚焦故事的第三部分，通过阅读，回答Nick的两个同学是否会因为和Nick一起观看了一场冰球比赛而喜欢上冰球这项运动，并解释其原因。

读后活动

【活动6】小组讨论

学生小组讨论下面两个问题：① Why did Nick have this feeling change (from being nervous to happy)? ② What can you learn from the story?

通过讨论，引导学生理解Nick进入新的环境后，由害怕被同学嘲笑而产生的紧张情绪，到想办法让同学了解自己而被接纳的喜悦心情，进而学习Nick是如何处理自己在融入新的环境和集体时遇到的困难的。

【活动7】朗读课文

学生大声朗读课文，为后面的分角色扮演做好初步的语言准备。

【活动8】准备角色扮演

学生以小组为单位，选定故事的一幕，并把它改编成戏剧的形式进行表演。

三、教学效果评价

笔者通过课堂观察发现，教师在课堂教学中，沿着故事发生的场景、相关人物和人物的心情这一主线，带领学生梳理了故事内容，理解了各部分的细节信息，思路很清晰。但是存在以下问题：第一，导入环节时间较长，猜测的几种运动名称没有激发学生的阅读兴趣。第二，整个阅读过程都是教师通过设计好的问题牵着学生进行阅读理解，没有给学生独立阅读理解文本的机会，学生的思维不是很活跃。第三，学生读后讨论不充分，答出的点比较分散，没有体现出思维的深度和广度。第四，角色扮演台阶跨度比较大，学生在理解了故事的基本信息后，很难在短时间内将其转化成戏剧并进行表演，导致角色扮演环节无法顺畅进行。

四、教学改进建议

针对观察到的课堂问题，笔者给授课教师提出了如下改进建议：第一，导入简洁化，激发学生阅读故事的兴趣。第二，改进阅读理解的过程，实现以学生理解为中心，展现学生独立、整体理解故事的思维过程，清晰地展现故事中人物的行为和心情的关系。第三，角色扮演的输出活动要有足够的铺垫，如果铺垫不足，最好能以学生深度理解文本为主，设计更简单一些的活动。

第二稿的设计

一、教学目标

在本节课结束时，学生将能够：
① 理解Nick心情的变化及其原因。
② 讨论得出Nick的性格特点及其喜欢冰球运动的原因。
③ 通过观看同班中运动达人的运动视频，激起热爱运动并坚持运动的热情。

二、教学过程

读前活动

【活动1】根据描述猜测运动名称

为了更好地激发学生的兴趣并导入话题，学生通过教师的描述猜测教师

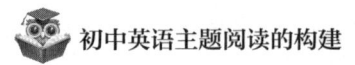

喜欢的三种运动。这三种运动分别是慢跑（jogging），羽毛球（badminton），冰球（ice hockey）。其中，ice hockey是本节课的新词。

读中活动

【活动2】阅读故事的开头部分（第1段），自主提出问题

为了激发学生的阅读兴趣，教师引导学生只看故事的开头部分，激发学生根据故事的开头部分产生疑问，提出问题。学生的课堂提问有Why was he nervous? Why did he say "That was a safe answer"？当学生回答Nick与其他同学来自不同的州时，教师出示美国地图，帮助学生了解Maryland和Florida这两个州的地理位置，并提问：Why did people in Maryland like ice hockey?

【活动3】阅读故事全文，回答问题

学生阅读故事全文，回答如下问题：Was Nick nervous all the time? Find out what other feelings Nick has.

教师引导学生阅读，寻找故事中Nick心情发生变化的原因，从整体上把握整个故事。从课堂观察来看，学生能够找到故事中Nick心情的变化及其原因。当学生说到足球（soccer）和冰球（ice hockey）运动很相似时，教师顺带解释足球和冰球的相似点和不同点，并引导学生在语境中理解similar等生词的含义。学生理解到足球和冰球运动的相似点在于二者都有射门和球网；不同点在于冰球是在冷的地方进行的一项运动，而踢足球会使人汗流浃背（Similarities：They both have goalies and nets. They both have scoring and penalties. Differences：a cool area；hot and sweaty）。

【活动4】听录音，跟读故事

学生听录音，跟着录音大声朗读故事。在播放录音时，教师根据故事的情节发展用PPT呈现四个场景，目的是帮助学生进一步熟悉故事发生的四个场景及故事细节，为读后活动做好铺垫。

读后活动

【活动5】讨论问题

学生四人一组，讨论下列问题：①What is Nick like? Why do you think

so? ② Why can Nick insist on his hobby? 学生在讨论的过程中，需要基于对全文的理解，概括Nick的性格特点，并说明依据。同时，教师引导学生思考Nick坚持喜欢冰球运动的原因，希望学生在解读Nick坚持爱好的原因时联系到自身，也能培养自己高雅的爱好，并坚持下去。

【活动6】观看运动达人自我介绍的视频

为了激励学生坚持运动，养成运动的习惯，教师播放学生同伴运动达人介绍自己坚持运动的视频，希望学生通过观看视频受到鼓舞和激励，从而产生运动的热情和坚持的决心。

【活动7】向同伴讲述自己最喜欢的运动及喜欢的原因

学生在观看运动达人的介绍视频后，讲述自己最喜欢的运动及喜欢的原因。此活动的目的是让学生通过分享自己喜欢的运动，内省自己的运动习惯，激发对运动的热爱，并坚持下去。

三、教学效果评价

笔者对授课教师第二次的课堂教学进行课堂观察后，发现了改进后的课堂教学的两条优点：第一，导入部分，学生在猜测三种运动名称时，学习兴趣在一定程度上有所提升。第二，阅读过程清晰，学生能抓住人物心情变化的主线来阅读文章，并能快速寻找故事发生的场景、相关人物和人物的心情。但同时也发现了以下三点不足：第一，学生的阅读过程是在教师提问下被动参与的，积极性不高，课堂气氛沉闷。第二，学生概括Nick的性格特点及其坚持喜欢冰球的原因时，讨论不够全面和深入。第三，观看运动达人的介绍视频只会让学生羡慕同伴，激励学生运动的作用不大，且视频中所用语言与故事的关联性小。

四、教学改进建议

根据课堂观察，笔者指导授课教师进行了如下的教学改进：第一，在学生猜测教师喜欢的运动，导入主题后，快速提问学生最喜欢的运动，帮助学生体验回答自己最喜欢的运动时的感受，为理解Nick被教师当堂提问最喜欢的运动时的紧张和迟疑做铺垫。第二，引导学生在阅读故事的开头时提出自己的疑问，为激发学生的阅读兴趣做好铺垫。第三，阅读理解故事的主线不变，但是要引导学生针对阅读自主提出问题，更好地发挥学生阅读和理解故事的主体性。第四，阅读后的讨论部分，要引导学生基于对整个故事的理解来进行充分思考和表达，让学生更好地理解Nick的性格特点，并根据其性格特点预测Nick未来的学校生活，发展学生的逻辑思维，提高学生的预测能力。第五，删除观看运动达人的介绍视频这一环节，节省出时间来让学生基于对故事的理解，多角度探讨Nick的性格特点。

第三稿的设计

一、教学目标

在本节课结束时，学生将能够：
① 自己阅读故事并提出针对文本的表层和深层次问题。
② 理解故事的主要内容和Nick心情的变化及其原因。
③ 概括和述说故事中Nick的性格特点，并预测其未来的学校生活。
④ 通过角色扮演的形式表演某一场景，表演须符合人物的性格特点。

二、教学过程

读前活动

【活动1】师生互相了解彼此喜欢的运动

首先，教师请学生根据图片和教师的描述猜测教师最喜欢的运动。在学生猜出教师最喜欢的运动后，教师快速询问学生他们最喜爱的运动，学生快速、流利地回答自己最喜欢的运动。紧接着，教师介绍故事的主人公Nick也在课堂上被教师询问自己最喜欢的运动，提问学生："他的回答会是怎样的呢？"学生充满了好奇，阅读热情被更大限度地激发了起来。

读中活动

【活动2】阅读故事的开头部分（第1段），并提出问题

在导入部分充分激起学生的阅读热情后，教师只让学生阅读故事的开头部分，然后请学生提出自己感兴趣的问题。

学生阅读完故事的开头部分后，发现Nick在回答教师询问自己最喜欢的运动时竟然表现得很紧张，自然会有很多疑问，于是，纷纷把自己的疑问转化成了有质量的问题：①Why was Nick nervous? ②Does Nick really like soccer? ③What does "a good answer" mean? ④What does "a safe answer" mean?当学生提出这些问题后，教师请学生基于故事的开头部分猜测性地回答彼此的问题。学生对彼此的猜测半信半疑，但他们知道故事的背后一定有"隐情"，激起了阅读故事其余部分的兴趣。

【活动3】阅读故事全文，寻找活动2中学生提出的问题的答案，概括故事的主要内容

当学生带着问题阅读文章时，阅读的积极性很高，目的性也很强。同时，为了引导学生关注整个故事，教师提出问题：What does the story tell us?请学生回答故事的主要内容。针对Nick为什么紧张的问题，有的学生认为Nick害怕别人不喜欢冰球，有的学生说Nick因为撒谎而感到害怕。针对Nick是喜欢足球还是冰球，学生一致认为他喜欢冰球。针对"好答案"（a good answer）的理解，学生的观点不一：有的学生认为好答案就是容易被别人接受的答案，也有学生认为好答案就是安全的答案。教师针对学生的回答，提出引导性问题：He wished he could be honest, what did he really want to say?有的学生认为Nick希望自己没有说谎，也有学生认为Nick希望自己能说出自己真正喜欢的运动。总之，学生在寻找自己提出的开放型问题的答案时，思维完全打开了。

针对概括故事主要内容的问题，学生能够用自己的话简单叙述故事梗概，只是语言不够精练。

【活动4】阅读故事的第二部分（第2~6段），并提出问题

接下来教师请学生独立阅读故事的第二部分，并继续提出问题。有了故事开头部分的铺垫，学生继续热情高涨地阅读了故事的第二部分，并提出如下问题：①Why did Nick come from a different place? ②Why do children in Maryland like ice hockey?

针对问题①，有的学生认为是Nick的父母换了工作，他们才搬到

Florida的；也有学生认为是Nick的父母在Florida买了新房子，所以来到了新学校。针对问题②，学生只能引用故事原话，认为Maryland的人喜欢冰球，孩子就跟着喜欢冰球；同理，住在Florida的人喜欢足球，孩子也跟着喜欢足球。教师趁机呈现美国地图，帮助学生了解Maryland和Florida这两个州在美国地图上的位置、气候不同，人们喜欢的运动自然有所不同。

【活动5】阅读故事全文，判断Nick的心情，并赏析长难句

学生再次独立阅读故事，判断主人公Nick在四个场景中的心情。教师板书故事发生的场景和人物的心情，帮助学生清晰地了解故事的主要内容、场景变化和人物的心情。故事发生的第一个场景是学校，学生用紧张（nervous）、伤心（sad）、不高兴（unhappy）、担心（worried），甚至用复杂的（complicated）来形容Nick的心情。第二个场景是Nick家，学生很容易想到用伤心（sad）一词概括Nick的心情。第三个场景是冰球比赛场地，此时Nick的心情，学生不能从文中直接提取出相关信息，需要根据上下文中具体的语言描写进行推断。有的学生根据文中的描写"At the game, they had hot dogs and soda. They watched the game. Dave and Tommy asked Nick many questions about the rules and the teams. They watched with great interest. All of them had fun."推断出Nick看到朋友对冰球很感兴趣时的心情是开心的。第四个场景是学校，当教师再次问Nick喜欢的运动时，Nick自豪地回答出冰球，两位朋友说他们也喜欢冰球，因此可以推断出Nick非常开心，因为他觉得有人理解自己了。

学生推断Nick的心情后，教师接着请学生根据情境用英语释义两个长难句：①He wished he could be honest, but he worried about what they would say. ②Their families grew up watching soccer. They like soccer. We grew up watching ice hockey, so we like ice hockey. 学生的释义如下：第一句是He wasn't honest because he was afraid others didn't know about ice hockey. 第二句是In Maryland, all people watched ice hockey when they were young, so they like ice hockey. In Florida, all people watched soccer when they were young, so they like soccer.

读后活动

【活动6】讨论故事的深层含义

学生四人一组，讨论如下问题：①What is Nick like? Why do you think so? ②What you think of Nick's future school life? ③What makes Nick change?

设计这三个问题，是为了促进学生深层次的思考，学生需要根据文本信息提取概括、预测想象和推理判断。针对第一个问题，学生有理有据地概括出了Nick是一个诚实、内向、害羞但善于交流的人，主人公Nick身上这些好的品质将对学生产生影响，有利于培养学生的良好品格；针对第二个问题，学生需要发挥自己的想象力和创造力，这有利于发展学生的思维；针对第三个问题，学生深入思考后认为，Nick发生变化的主要原因有爸爸的正面引导、两位同学的友善、Nick对冰球的喜爱，以及他主动与他人交流交流、交往等。教师引导学生从内因和外因两个方面总结Nick思想发生转变的因素，启发学生学会处理类似的问题，这有利于他们将来更好地生活。从学生的不同回答来看，他们既能联系自身理解文本，又能发挥丰富的想象力，实现了教师设计这一活动的意图。

【活动7】角色朗读/扮演——发挥想象力，强化语言运用

学生四人一组，分角色朗读/扮演故事中的一个片段。从课堂实施来看，大部分学生选择分角色扮演故事中的一个片段，少部分学生选择分角色朗读故事中的一个片段。这说明学生比较喜欢有创意和发挥空间的活动。

三、教学效果评价

笔者进行了课堂观察，发现本节课有以下优点：第一，本节课的教学目标是对阅读文本进行深入的挖掘，并采用了"学生提问，学生回答"的教学方式。整节课，学生思维活跃，回答问题积极踊跃。在深挖文本的时候，学生的提问和回答，总有一些意想不到的亮点，这是以往的课堂所缺乏的。第二，课堂真正做到了以学生为本，学生的思维很活跃。课堂上，学生通过互相启发、讨论、碰撞，较好地解决了文本理解上的困难和问题。这种"学生提问，学生回答"的教学方式，对发展学生的思维很有好处。总之，阅读过程还原了学生真实地与文本对话的过程，学生边读边思考，成了主动的阅读者、积极的思考者，这也是本节课最大的亮点。

此外，在听课刚刚结束时，笔者针对本节课令人印象最深刻的地方和需要改进的地方对22位听课教师进行了访谈，并使用了许家金等开发的Qualitative Coder软件分析数据（分析结果见表3-2）。

表3-2 听课教师对"Favorite Sports"阅读课印象深刻之处

No.	Name	Tag Set	Freq.	Count	Tagged Text（s）
1	材料有趣	<材料有趣>…</材料有趣>	6	6	学生能主动联系自己的经验与文章产生共鸣（1） 学生能学到文中主人公对待问题的处理方式（1） 选材新颖，基于运动话题，本文选择了人际交往的角度（1） 材料的难度适中、内容有趣（1） 学生对文章内容感兴趣（2）
2	内涵准：情感变化	<内涵准：情感变化>…</内涵准：情感变化>	4	4	教师准确地抓住了人物的心情变化，学生在阅读中关注了nervous, happy, excited等词背后的原因（1） 文本挖掘深入，环环相扣（1） 把握了内容以及人物情感（1） 充分挖掘了文本的教育内涵（1）
3	思维深入	<思维深入>…</思维深入>	7	7	学生思维活跃，参与度高（1） 学生文本挖掘做得好（1） 由浅入深（1） 学生课堂表现积极，思维深度参与（1） 思维比较广而深（1） 思维活动量大，积极与教师进行了信息互动（1） 思维积极、活跃（1）

续表

No.	Name	Tag Set	Freq.	Count	Tagged Text（s）
4	角色朗读/扮演	<角色朗读/扮演>…</角色朗读/扮演>	5	5	就文本进行问答或对文本进行延伸表演，理解了文中所谈论的运动，用上了教师提出的表示感觉和评价的单词（1） 以小组合作讨论和角色朗读/扮演的方式学习，可以让学生深入思考，让人印象深刻（1） 用角色朗读/扮演的活动来活跃气氛，提高了学生的阅读兴趣（1） 角色朗读/扮演活动的设计，给学生提供了将所学知识输出的机会（1） 角色朗读/扮演是让学生自主选择的，尊重了学生（1）
5	开放性问题	<开放性问题>…</开放性问题>	5	5	设置问题激发思考（1） 通过设问，逐层深入理解（1） 开放性问题及角色扮演等活动，让学习内容不局限于书本，让学生发散了思维（1） 给学生提供了较大空间，使学生对文本有了深入的理解（1） 开放式问题不仅让学生进行了思考，还进行了口头输出（1）
6	学生提问	<学生提问>…</学生提问>	6	6	学生不断提问，思维活跃（1） 学生提问，学生回答（1） 学生提问，体现了学生在课堂上的主体地位（1） 边读边思考，关注了学生的深层次思考（1） 采用学生阅读后自主提出问题、自主解决问题的方式，学生思维参与度高（1） 小组讨论，小组代表提出问题（1）

续表

No.	Name	Tag Set	Freq.	Count	Tagged Text（s）
7	问题逐层深入	<问题逐层深入>…</问题逐层深入>	2	2	通过问题的逐层深入，学生对文本的理解逐步加深（1） 每次阅读提出不同问题，让学生带着问题阅读（1）
8	教师引导好	<教师引导好>…</教师引导好>	9	9	教师引导衔接得很好（1） 教师和学生配合默契（1） 语言、思维内化层面到位（1） 学生始终在教师的引导下进行思考（1） 教学目标和活动的设计符合学生的实际情况（1） 教师角色很重要（1） 步步引导，使学生的思维不断处于运转中（1） 教师准备充分（1） 教师引领学生进行了思考，使学生的思考逐渐深入（1）
9	参与度高	<参与度高>…</参与度高>	9	9	学生得到充分思考和表达的机会（1） 学生充分参与（1） 学生一直在用自己的语言表达自己的想法、观点（1） 学生实现了在做中学，在练习、使用语言的过程中达到了语言的内化，提高了阅读能力（1） 思考问题积极（1） 活动有趣（1） 充分尊重了学生的主体地位，学生参与度较高（1） 教学活动丰富（1） 坚持以学生为主体（1）

从分析结果来看，本节课具有以下优点：

第一，学生课堂参与深入、参与度高。有9位教师认为学生充分参与了课堂活动，积极性高。还有7位教师认为学生思维参与深而广，师生互动有深度，对文本理解到位。

第二，教师引导到位、循循善诱。有9位教师认为授课教师对学生的阅读理解时的深入思考引导到位，及时提出了针对性强的点拨性问题，引导学生理解了文本的深层内涵。

第三，设计的开放性问题，给予了学生思考和提问的空间，充分激发了学生的发散性思维，使学生的提问层层递进，进而深入理解了故事。

第四，选择的阅读材料趣味性强、贴近学生生活，能引发学生强烈的情感共鸣，促进师生间的交流。

第五，教师对文本的价值定位准确，文本内涵解读到位，保障了学生文本解读方向的正确性。

第六，分角色朗读/扮演的活动给予了学生选择和创造的空间，有利于学生内化理解、输出表达。

另外，笔者对学生进行了课后笔谈，从结果来看，本节课具有以下优点：

第一，针对文本提出问题并回答问题，激发了学生的阅读兴趣。

学生认为，在阅读中自主提出问题并回答问题，既锻炼了语言组织能力，又激发了学习兴趣。有的学生说："我认识了一种全新的英语学习方式，就是提问的学习方式，体会到了边想边做的效率。"有的学生说："我觉得这样的方式很好，很有趣，自己提问，自己回答，锻炼了我们的思维能力和语言组织能力。"还有学生说："今天很多老师来听课，但我们发言次数比平常都多，我变得更勇敢了，能够提出具有开放性的问题，也能从文中收获道理，并能用英语表达出来。"

第二，学生的阅读理解能力大幅提高。

当学生能用自己的话来解释或概括文章的内容时，就是对文章内容深入理解的表现。有的学生说："我知道了如何用自己的话去解释一段话的内容或概括一篇文章，这一点是非常重要的。"还有学生说："我认为这堂课对我的帮助很大，让我明白了怎样去读一篇文章，怎样读好一篇文章。"

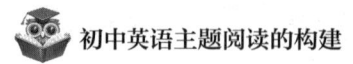

第三，学生的口语能力提高了，自信心增强了。

在读后活动中，学生用角色朗读/扮演的方式来表演故事，促进了学生语言能力的发展和自信心的提高。有的学生说："课上互动较多，而且交流讨论时都是用英语完成的，这不仅能提升我们的英语口语能力，也能让我们练习把一个句子说完整。角色朗读/扮演环节，不仅能提高我们的表演能力，还能让我们变得更加自信。"还有学生说："我很喜欢角色朗读/扮演那一环节。我喜欢演话剧，在表演方面我还是很有经验的。好处就是将来可以自己写剧本，小组分工来表演，这不仅能提升我的表演能力，更能使我深层地了解英语文章。"

概括来说，此案例通过几次改进，探索了在课堂上如何让学生真正成为阅读的主体，引导学生在与阅读文本充分对话的基础上提出问题，带着问题再读文本，并与同伴、教师对话，共同完成对文本深层次的理解，并引导学生从文本中联系实际，与自我对话。从学思结合、为思而教的教育理念看，深层阅读教学以恰当的方式制造了认知冲突，从而引导学生独立阅读，个性化理解文本，思索文本的隐含意义，激发表达的欲望和冲动。学生在阅读的过程中不断产生疑问，经历了"提出问题，讨论解决问题，教师通过点拨再次引发学生提问，再次阅读解决问题"的过程，加深了对文本更深层次的理解。在整个阅读理解的过程中，对教师最大的挑战就是自己对文本的深入理解，并根据学生的理解进程及时引导和点拨，促进学生理解文本的深层内涵。

第四章　初中英语主题阅读的泛读课活动设计

泛读促进语言能力的发展。研究表明，无论母语还是外语，大量阅读对学生语言能力的发展都有促进作用。从输入角度看，泛读是语言输入的源泉，能帮助学生丰富词汇知识，建立结构意识，增加背景知识，提高理解能力和阅读效率。此外，泛读可以促进学习情感，阅读中获得的满足感和胜任感是语言习得发芽的土壤。

泛读对外语学习的益处有以下几点：提供可理解输入；促进学习者整体语言水平发展；增加语言学习机会；增加词汇知识；促进写作能力的提高；激发阅读动机；巩固已学知识；帮助建立阅读长篇课文的自信心；为口语活动提供大量机会；鼓励利用冗余。但是，这些好处并非全在短期内显现，教师必须目光长远，确保学生大量阅读。为了确保学生大量阅读，教师需要激发学生阅读中的愉悦感，让学生体会到阅读的快乐，从而对阅读产生积极的态度。

为了让学生体会到阅读的快乐，所选的阅读材料就不要太难。教师可以引导学生采用"五指法"来判断阅读材料的难度，即拿到一本书或一篇阅读材料后，学生可以随机翻开一页，并快速阅读，每遇到一个生词，就伸出一根手指进行记录，如果一页上的生词不超过五个，这本书或阅读材料的难度就适合学生，否则难度就比较大。

主题阅读泛读课的选材不同于一般意义的泛读课的，而是要围绕一个主题精心选择，帮助学生拓展主题意义的广度和深度，激发学生的阅读兴趣。主题阅读泛读课的主要目的是引导学生通过泛读的方式获取信息、感悟意义，培养学生良好的阅读习惯，消除其紧张情绪和挫败感，使所有学生都能受益。

图4-1是主题阅读泛读课的设计流程。

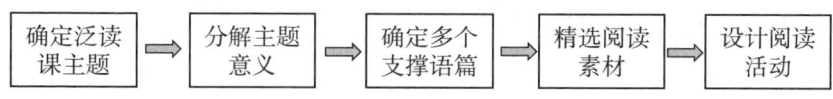

图4-1 主题阅读泛读课设计流程

下面是笔者指导教师围绕主题精选素材，并精心设计活动的两个泛读案例，意在帮助学生使用多种阅读策略横向、纵向建立文本间的联系，实

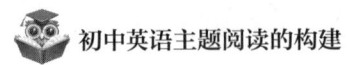

现对主题意义的深化，同时激发阅读的兴趣，在语篇情境中积累语言、发展学习策略、丰富表达。

第一节 学生横向建立文本联系，感悟主题意义

动物单元的主题构建过程和主题体系在第二章第一节中已有具体描述。下面的课例是该主题下"动物的多样性"次主题的泛读课，也是笔者指导首都师范大学第二附属中学李锐老师执教的一节区级研究课。该课例中，学生阅读了关于四种动物的介绍，建立了文本间的横向联系，最终感悟到"动物的多样性"的主题意义。

一、文本选择依据

我们选定的四篇文章内容聚集树懒、大白鲨、蜗牛和秃鹰四种动物，共计1000个词左右。四篇文章均是以记叙、描述为主要写作方式介绍这四种动物的。

实际上，这四种动物的选择是颇费心思的。首先根据生物的分类从无脊椎动物和脊椎动物两个类种进行选择，无脊椎动物选择了比较常见的蜗牛；脊椎动物又从纲科进行选择，分别选择了鱼类、哺乳类和鸟类，鱼类选择了大白鲨，哺乳类根据研究课上课时正在热播的电影《疯狂动物城》中比较受大家喜欢的角色树懒"闪电"而选择了树懒，鸟类最开始选择了火鸡，后来发现有关火鸡的有趣介绍太少，不如美国的国鸟秃鹰的故事资料多，且更吸引学生，更能拓展学生的文化知识，于是最终选定了秃鹰的阅读材料。

阅读时，学生需要把四种动物从多个角度综合起来，才能理解"动物的多样性"这一主题。这样一来，语篇就需要从相同的维度来介绍这四种动物，才有利于学生对比、概括出主题意义。于是，在语篇的筛选和改

第四章 初中英语主题阅读的泛读课活动设计

编上，教师在忠于原文的基础上，尽可能保证四篇文章都从四种动物的分布、外貌、栖息地、食物、特性、趣事等方面加以介绍。这四篇文章的具体内容如下：

Passage 1

Sloths

Sloths are slow-moving animals that you can find in the rainforest of Central and South America. There are two species of sloths: two-toed and three-toed. Most sloths are about the size of a small dog and they have short, flat heads. Their hair is grayish brown but, at times they look grey-green in color because they move so slowly that small algae（藻类）grow all over their coats.

Some sloths stay in the same tree for years. Their huge hooked claws and long arms allow them to spend most of their time hanging upside-down from trees. Since they have a slow metabolism（新陈代谢）, they need very little food. They eat fruit, leaves, buds, and young twigs. Sloths also sleep upside-down for up to 18 hours at a time. Mothers also give birth to babies upside-down. Babies cling to their mothers until they are able to take care of themselves.

Sloths sleep curled up with their head placed between the arms and the feet drawn close together. This disguises them as part of a tree so that its enemies do not see them. Sloths rarely climb down from the trees and can live for up to 30 years.

Passage 2

Great White Sharks

Great white sharks are the largest and most fierce predators（食肉动物）in the ocean. They are giant fish that can grow to 20 feet long and 4000 pounds.

They also have powerful jaws filled with lots of long teeth up to 2.5 inches long. Fully grown, great white sharks are at the top of the ocean's food chain. One reason why great white sharks are such good hunters is that they have excellent senses including  smell, hearing, and sight. Their sense of smell is so good that they can detect blood in the water from up to three miles away. Great white sharks eat other animals. Younger and smaller great white sharks mostly eat other fish like tuna（金枪鱼）. However, fully grown great white sharks like to eat sea mammals like sea lions and seals. They have even been known to eat whales, dolphins, and seabirds. Great white sharks don't chew their food, but will tear off big chunks of meat and swallow them whole.

Great white sharks are found throughout the world's oceans generally in cool waters close to the coast. They live in areas where the water temperature stays between 10℃ and 20℃. They are often found near Japan, Australia, South Africa, and both coasts of the United States. There is a fun fact about great white sharks — they can roll their eyes back into their head to protect themselves.

Passage 3

Snails

We've talked about snails and their slow move. But much of the time snails don't move at all. They're in their shells — sleeping.

Hot sun will dry out a snail's body. So when the hot sun comes out, a snail draws its body into its shell and closes the opening with a thin cover. Then it goes to sleep. A snail will die in a heavy rain. So whenever it rains, it goes inside its shell house and goes to sleep. A snail can sleep for as  long as it needs to. It can take a short sleep. Or it can sleep for days at a time. And it spends all the winter months in its shell, asleep.

In spring the snail wakes up. Its body, about three inches long, comes out from the shell. When hungry, the snail looks for food. It can't see very well. Its eyes, at the ends of the top feelers（触角）are very weak. But its sense of smell is very strong. It helps the snail to the new greens. Then the snail's little mouth goes to work.

A snail's mouth is no bigger than the point of a pin（针）. Yet it has 256,000 teeth! The teeth are so small that you can't see them. But they do their work. If you put a snail in a hard paper box, it will eat its way out! And if a snail wears out its teeth, it will grow new ones.

Mostly, a snail looks for food, such as leaves and fruits, at night. But on cloudy days it eats in the daytime. It eats all day long. A snail can go on eating for hours and never feels full.

Passage 4

Bald Eagles

The bald eagle is a type of sea eagle. It is most famous for being the national bird and symbol of the United States.

Bald eagles have brown feathers with white head and tail, and a yellow beak. They aren't really bald. They get the name from an old meaning of the word "bald" due to their white hair. They also have large strong talons on their feet. They use these to capture（捕获）and carry prey. They find and eat dead food like road-killed animals. But their favorite food is fish, and they will eat small mammals like rabbits and water birds like ducks or gulls. Do you know they are very good swimmers? Sometimes an eagle will catch a fish in its talons that is too heavy for them to carry and they will swim to shore with it so they can eat it.

Bald eagles like to live near large open water like lakes and oceans and in areas that have a good supply of food to eat and trees to make nests. They have excellent eyesight allowing them to see small prey from very high in the sky. Then they make a diving attack at very fast speeds in order to capture their prey with their sharp talons. They are only found in much of North America including Canada, northern Mexico, Alaska, and the United States.

二、教学目标

在本节课结束时，学生将能够：

① 提取树懒、大白鲨、蜗牛和秃鹰的相关信息，如外貌、食物、居住地等。

② 比较上述四种动物之间的差异，并表达对动物世界的看法。

③ 受到激发，主动了解更多关于动物的信息。

三、教学过程

在确定了主题概念下的内容选择和语言素材的调整后，教师的重要任务是设计课堂教学活动，帮助学生理解文本的内涵和主题。课堂教学流程见图4-2。

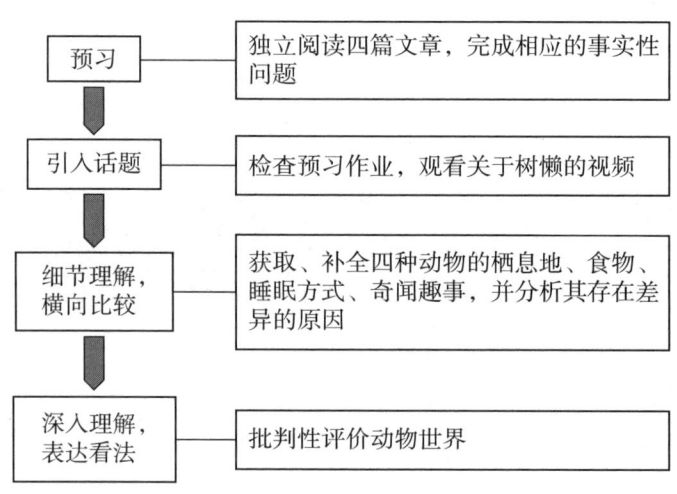

图4-2　课堂教学流程图

为了在课堂上凸显学生构建主题意义的过程，笔者引导教师布置预习作业：让学生提前独立阅读四篇文章，完成以下理解文章基本信息的问题。

Passage 1

 ① Where can we find sloths?

 ② Why do sloths look grey-green in color?

 ③ What do sloths usually eat?

Passage 2

 ① Why are great white sharks such good hunters?

 ② What do fully grown great white sharks like to eat?

 ③ Where can we find great white sharks? Why?

Passage 3

 ① A snail _____.

  A. moves more slowly in the daytime   B. has thousands of feet

  C. doesn't move at all   D. sleeps much of the time

 ② A snail goes to sleep when _____.

  A. it feels hungry   B. it is put in a paper box

  C. spring is coming   D. it rains heavily

 ③ Which of the following is not true?

  A. A snail doesn't like living under the sun.

  B. In winter the snail doesn't eat or move.

  C. The snail's teeth can't be worn out.

  D. The snail's strong sense of smell help to find things far away.

Passage 4

 ① The meaning of the word "talons" is _____.

 ② Where do the bald eagles like to live? Why?

 ③ How do the bald eagles capture their prey?

 ④ Why can the bald eagle be the national bird and symbol of the United States?

学生初步浏览全文，完成预习作业后，对这四种动物的事实性信息有了基本的认识。课堂的阅读活动是分层次提取信息、通过背景知识补充信息，然后通过概括、比较、评价等活动加深学生对所提取信息的内化、整合，使学生逐步理解文本的深层含义。泛读课堂的主题意义构建活动过程如下：

【活动1】在地图上标画四种动物的居住地

为了激发学生的阅读兴趣，帮助学生将阅读文本的含义可视化，教师设计了让学生在地图上标画几种动物的分布地点的活动。希望通过这个活动，帮助学生对动物分布的广泛性有一个感性的认识。课堂提出的问题：
Where do these four kinds of animals live? Write their names on the map.

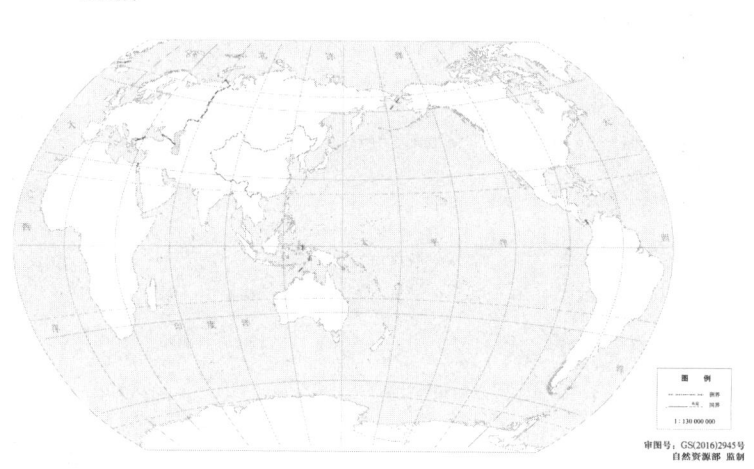

(Sloth–Sl, Great White Shark–GWS, Snail–Sn, Bald eagle–BE)

教师先带领学生一起标画sloth的居住地，然后请学生在地图上标画其他三种动物的居住地。学生对在地图上标画几种动物的分布地点的活动非常感兴趣，能快速、精准地标画出几种动物的分布地点，尤其是对great white sharks生活在不同的广泛水域，有了更加感性的认识，实现了对地理等跨学科知识的理解和运用。

【活动2】填表格，获取四种动物的外貌特征和食物的主要信息，讨论四种动物的食物不同的原因

学生需要从文本中多处获取信息，简单整合信息并填写表4-1。

表4-1　Appearance and food of four animals

Animals	Appearance	Food
Sloth	two-toed and three-toed; about the size of a small dog; short, flat heads; grayish brown hair; at times they look grey-green in color	need very little food; fruit, leaves, buds, young twigs
Great white shark	grow to 20 feet long and 4000 pounds; have powerful jaws filled with lots of long teeth up to 2.5 inches long	at the top of the ocean's food chain; eat other animals: fish like tuna, sea mammals like sea lions and seals, whales, dolphins, seabirds; don't chew their food, tear off big chunks of meat and swallow them whole
Snail	a shell, about three inches long body, weak eyes are at the ends of the top feelers, strong sense of smell, little mouth, 256,000 teeth	leaves and fruits
Bald eagle	brown feathers with a white head; a white tail; a yellow beak; aren't really bald; white hair; large strong talons on their feet	dead food; fish; small mammals like rabbits and water birds like ducks or gulls

学生根据表格要求，从文本中标画关于四种动物的外貌和食物的句子。当学生获取了每种动物的外貌描述时，教师出示该动物的图片，帮助学生在文字描述和画面之间建立联系，形成对动物外貌的感性认识。

接下来，教师引导学生讨论下面的问题：Why do they have different kinds of food? 在分析四种动物的食物不同的原因时，学生无法从文本中找到答案，而是要调用自己已有的知识进行综合和分析，此时学生的思维被充分激活。他们解释不同原因的角度丰富，如生活环境不同、身体结构不同（如嘴和胃）、敌人不同等。

【活动3】阅读文本，表演四种动物的睡眠方式

为了激发学生从文本中获取信息，并对获取的信息建立立体化的画面，设计了表演环节，以加深学生对抽象文本内容的理解。针对"树懒的睡眠方式"，教师提出如下问题：

① What is a sloth like when it is sleeping? Why? Act it out.

② Do you know what other three kinds of animals are like when they are sleeping?

学生进一步阅读找到了问题的答案，并表演了树懒的睡眠方式，这进一步活跃了课堂气氛，激发了学生对树懒等动物的喜爱。另外，由于学生不能直接从文本中获取其他三种动物的睡眠方式，于是激励他们通过调用自己的背景知识或进一步搜索相关资料，来增加他们使用语言的机会和将知识转化为课堂中言语实践活动的能力。从活动中可以看出，学生的课外知识很丰富，讨论热烈，互补信息，有的学生说大白鲨睁着眼睡觉，有的学生说大白鲨必须在不停地游动中睡觉，因为一停下来它就会缺氧，还有学生深入分析了大白鲨在不停地游动中睡觉的原因是它有两个大脑，可以交替工作，等等。

【活动4】阅读文本，提取或补充四种动物的奇闻趣事

为了进一步加深学生对这四种动物的横向比较，为学生提供将自己的知识转化为课堂言语活动的素材的平台，激发学生进一步了解动物的热情，教师提出了这样的问题：What interesting things do you find about sloths / great white sharks/snails/bald eagles?

这个活动需要学生快速从文本中提取相关信息，并用自己的话进行阐述。背景知识充足的学生更加有表达的欲望，他们借助文中的语言支持自己的想法，提高了语言表达的能力，也丰富了其他学生对这些动物的认识。

【活动5】批判性评价动物世界

学生通过前面的活动，已经在横向对比阅读中了解了这四种动物的居住地、外貌、食物和奇闻趣事。为了提升学生对阅读主题"动物的多样性"的认识，教师提出了评价性问题：What do you think of the animal world after reading the four Passages?

课堂上学生的思维被充分激活，纷纷发表了他们对动物世界的看法：I think the animals are interesting. I would like to know more about my favorite animal. 还有学生表达：It's amazing. There are so many interesting things that I don't know about them. For example, when the snails' teeth wear out, new ones can grow. I hope we are like that, too.

【活动6】布置作业

进一步去了解自己所喜欢的一种动物。

四、教学效果评价

此次的主题阅读泛读课，激发了学生的阅读兴趣和阅读热情。师生在逐层获取信息、内化信息、整合信息的过程中不断互动，提高了学生的阅读理解能力，帮助学生构建了对文本的深度理解。例如，学生在评价动物世界时，有感而发，感慨动物世界的神奇和多样。整个课堂学习的过程让师生都非常享受，学生们很兴奋，下课后仍交流着有关动物的奇闻趣事。教师感慨地说："没想到自己工作二十多年了，还能这样充满激情地上阅读课。"很多学生也深有同感，有的学生在课后笔谈中写道："老师用生动的语言和有趣的肢体动作告诉了我们一些难懂的知识。比如，老师用肢体动作把自己的身体比作一棵树，手臂比作树枝，手指上带的绿色纸质指甲比作枝芽，让我们猜单词buds的意思，我一下就记住了它的意思。"关于课堂最有趣的活动，有的学生对课堂上模仿动物的睡眠方式，评说动物的各种趣事印象深刻："我印象最深刻的是有同学上台表演树懒睡觉，上课的过程就好像是在分享大家对几种动物的认识，非常愉快。"还有学生说："我印象最深刻的活动是同学们对动物世界的精彩评价。"

当被问到主题阅读泛读课准备过程中印象最深刻的地方时，授课教师打趣地说："只要功夫深，铁杵磨成针。但是在主题阅读的选材过程中，如果你选择的是木头的话，不管你功夫有多深，也最多只能磨成牙签。"言外之意就是，如果主题阅读材料选择不对的话，再努力设计也实现不了预期的效果。

对于教学活动的设计，授课教师反思道："自己以前听过或看过很多关于阅读的泛读课，但是课堂上都是让学生纵向理解文章，很少有让学生横向对比多篇文章的活动。通过横向对比，学生对动物的认识不再是一个个孤立的个体，而是相互关联、相互影响的整体。而且，当给予学生使用文本相关背景知识的机会时，学生的表达欲望想拦都拦不住。"

基于课后对全班学生的简单笔头访谈、授课教师教学反思的分析和课堂观察，笔者发现学生的阅读兴趣大幅提升了。首先，学生认为围绕主题所选择的阅读文本趣味性强，通过阅读，自己对身边看似熟悉的动物有了更加深入的认识。很多学生在课堂上积极分享了自己阅读后的收获，还有学生说自己会继续阅读一些英语文章，进一步了解自己喜欢的动物。其次，笔者发现恰当的阅读素材为学生调用背景知识提供了平台，促进了学生的言语实践能力的提升。当学生读到一些动物的奇闻趣事时，其原有的认知经验被激活，主动表达的欲望大大增强。学生聚焦用语言表达意义的同时，丰富了语言积累，帮助其他学生拓展了知识。再次，笔者发现课堂上通过提取、对比、概括、评论等引领学生逐层提取信息、内化信息、整合信息的活动，提升了学生的阅读能力，拓宽了学生对文本理解的广度和深度，帮助学生深入理解了主题内涵。

听课教师们对主题阅读教学的理念非常认同，并在教学中积极实践。教师们都很注重对单元主题的提炼、支撑实现单元主题理解的素材的收集以及活动设计的分享。教师们还非常喜欢参加单元主题阅读的泛读课，他们认为每次主题阅读的泛读课不仅素材符合学生的认知水平，趣味性强，教学活动的设计也有新意，能激发学生的阅读兴趣，在阅读中能够发展学生获取信息、内化信息、整合信息的能力，让学生有情感的参与，进而发展了思维。但是，对于如何找到恰当的阅读素材教师们觉得很费时、有一定的难度。

第二节　学生纵向建立文本联系，深化主题理解

"健康的生活方式"主题阅读体系如第二章第三节图2-7所示。本课例是"健康的生活方式"主题体系下关于"近视"的一节以泛读为主的精读与泛读结合课，旨在探索如何引导学生纵向建立文本联系，加深对主题意义的理解。

一、文本分析

本节课所选的阅读材料主要是为了帮助学生理解近视的原理和预防方法。要想理解近视的原理和预防方法，学生需要对眼睛的结构有充分的了解。另外，学生也需要了解常见的眼睛问题，这样才能让学生更加珍惜和爱护自己的眼睛。因此，本节课在课前给学生提供了一篇阅读文章Small but Mighty。这篇文章属于说明文，主要介绍了眼睛的重要性、眼睛的结构和三种常见的眼睛问题，即近视、远视和角膜划伤。希望学生通过阅读，对眼睛的结构和关于眼睛的基本术语能够有所了解。课堂上阅读四篇文章，分别聚焦近视话题的不同维度。第一篇文章是说明文，介绍近视的定义、近视的流行情况以及导致近视的原因。第二篇文章是一篇研究报道，介绍了一项影响视力的新的研究发现。文章按照典型的研究报道的形式，介绍了研究发现、研究对象、研究过程、研究结果、新发现背后的原理，以及专家的建议。第三篇文章结构清晰，列举了预防近视的两种方法，即加强与脚相关的运动和拉耳垂。第四篇文章结构清晰、主题句简明地介绍了预防近视的若干种方法：不要连续长时间阅读，服用大量保护眼睛的维生素，在光线适宜的房间里阅读，注意眼睛和物体之间的距离，眼睛出现问题时第一时间就医等。

在决定这四篇文章是让学生精读还是泛读的方式时，主要是根据学生对文章内容的熟悉程度而定的。第一篇文章专有名词多一些，通过阅读让学生泛读了解近视的定义、流行情况和导致近视的原因即可，适合学生泛读；第二篇文章的内容对于学生来说，是全新的发现，加之报道的内容板块是学生所不熟悉的，需要花时间分析文章内容，适合学生精读；其他两篇文章的内容学生都是有背景知识储备的，加上文章结构清晰、生词量小，适合学生泛读。

二、课前阅读材料

Small but Mighty

Although eyes are small, we depend on them more than any other parts of the body to learn the space around us. Every day, our eyes give us messages that help us understand the world. In a single glance（一瞥）, our eyes work with our brains to tell us the size, shape, color, and texture of an object. They let us know how close it is, whether it's standing still or coming toward us, and how quickly it's moving.

The eyes' structure is really complex. The two eyes work together to perceive depth, enabling us to judge distance and the size of objects to help us move around them. Not only do the two eyes work together, they also work with the brain, muscles, and nerves to produce complicated visual images and messages. And our eyes constantly adapt（适应）to the changing environment — for example, they are able to adjust（调整）so that we can easily move around in a nearly dark room or bright sunlight.

Common Eye Problems and Injuries

So what's the cause of many common vision problems? Often, eye shape and size. Someone with perfect 20/20 vision has eyes that are basically round like a baseball. Someone who needs corrective lenses to see usually has eyes that are shaped differently.

Myopia or nearsightedness, is one of the most common problems teens have with their eyes. When a teen has myopia, he or she is unable to focus properly on things that are far away. People with myopia have eyes that are a little longer than normal, measuring from the front of the eyeball to the back. This extra length means that light focuses in front of the retina（the part of the eye that receives images and sends them to the brain）instead of on it, and that affects vision. Glasses or contacts（隐形眼镜）can easily correct this problem.

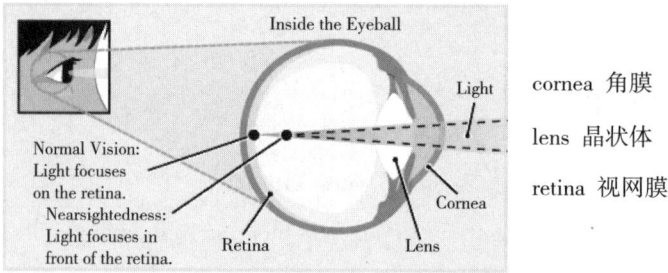

Hyperopia or farsightedness, is another vision problem. People with hyperopia have trouble focusing on things close up because their eyes are too "short" from front to back. In people with hyperopia, light focuses behind the retina instead of on it, causing blurry or unclear vision. Someone with serious farsightedness will need glasses to correct his or her vision. But here's an interesting fact: Many babies are born far-sighted! Their eyeballs get longer as they grow, and most of them outgrow the condition.

One of the most common eye injuries for teens is a scratched（划损）cornea, which is often related to wearing contact lenses or playing sports. With a scratched cornea, it may feel like something is in your eye when there's really nothing there. Your eye may get red and painful, produce lots of tears, and be overly sensitive（敏感）to light.

Read the Passage and answer the follow questions?

1. What are small but mighty of our body?
2. What does "mighty" probably mean according to the Passage?
3. Why are our eyes so mighty?
4. What are the common eye problems and injuries?
5. Which one is the most common problem in teenagers?

三、课堂阅读材料

Passage 1

Myopia, also known as short-sightedness or nearsightedness, is a relatively common condition in which you can clearly see objects that are close to you, while objects in the distance are blurry or unclear. The condition may worsen over time, starting from a child or a teenager. You are considered to have at least mild short-sightedness if you have trouble seeing any object that is within 20 feet（about 6 meters）.

The prevalence（流行）of myopia has been reported as high as 70%~90% in some Asian countries, 30%~40% in Europe and the United States, and 10%~20% in Africa. Which part of the world has the most nearsighted students? Just look around you—it's East Asia. Nine in ten school leavers in big East Asian cities are nearsighted, according to the BBC. In some parts of Asia, myopia is very common. Singapore is believed to have the highest prevalence of myopia in the world, up to 80% of people there have myopia. China's myopia rate is 31%: 400 million of its 1.3 billion people are myopic. The percentage of myopia in high school in China is 77.3%, and in college is more than 80%.

A lot of factors may play a role in the increased number. Nearsightedness is caused by focusing on close-up objects such as a book or a computer for long periods of time. As a result, the eyes get stuck in the close-up focus position and can no longer focus on distant objects. As children spend more time on computers, watching television, or reading books, they become nearsighted, according to Ian Morgan of the Australian National University. Sometimes it is genetic — nearsighted parents are more likely to have nearsighted children. With more and more nearsighted parents, the result could be another increased risk of nearsightedness.

Passage 2

Children can spend hours a day looking at computer screens and other digital devices. For better eyesight, doctors advise limiting the hours of screen time. However, another study challenges the belief that short-sightedness is mainly caused by computer use, watching TV or reading in weak light. The Australian government research team studied young children in Sydney and Singapore to find more reasons for myopia.

The Australian researchers compared the vision (视力) and habits of 100 seven-year-old children in Singapore and Australia. Both groups spent a similar amount of time reading, watching television and playing computer games. However, the Australian children spent an average (平均) of two hours a day outdoors

— 90 minutes more than the Singaporean children. Surprisingly, fewer children in Australia are nearsighted — only 10 percent, compared with 90 percent in Singapore. Spending two or three hours playing outdoors each day can reduce a child's chance of becoming short-sighted, the research shows.

Professor Ian Morgan, from the Australian National University, said, "Humans are naturally long-sighted, but when people begin to go to school and spend little or no time outdoors, the number of short-sighted people gets larger. We're also seeing more and more short-sighted children in cities all around the world — and the main reason may be that city children spend less time outdoors."

Daylight can be hundreds of times brighter than indoor light. But why does playing outside prevent us from becoming short-sighted? Scientists believe that people become nearsighted because their eyeballs grow out of shape and the light that enters their eyes cannot focus correctly. The body can produce a chemical called dopamine（多巴胺）to stop eyeballs from changing shape. And guess what scientists have just discovered? Sunlight can help our bodies produce more dopamine.

Jane Gwiazda, who does research in sight problems, also says, "Natural light is good for eye growth. And extra vitamin D from the sun might contribute to eye growth."

So, be outdoors. Experts suggest children should stay outside for two to three hours every day. This can include time spent in the playground and walking to and from school. And parents should remember not only to limit the total screen time for their children, but also to encourage them to spend time outdoors.

Passage 3

It was reported that over 400 million people in China were suffering from short-sightedness.

As more children suffer from eye trouble, their parents hope to cure the disease with medicine equipment (设备) by correcting the way children read and sit. But in fact the cure given to one's eyes should start with the exercise on one's feet. Three methods to protect eyes are as follows.

Firstly, don't fasten your shoes too tightly. Try wearing loose socks or walking bare-footed (赤脚) at home. When traveling, try wearing cloth shoes.

Secondly, walking on tiptoes (踮着脚) can help improve one's eyesight and prevent short-sightedness. It's said that few ballet performers are short-sighted.

Thirdly, rope skipping is good for one's eyesight. When skipping, one has to react quickly, which excites the brain as well as the eyes. It may also help make one grow taller.

Besides foot exercise, it is good to pull one's ears. Pulling the ear 20 times is a good way to reduce the pressure on one's eyes.

Passage 4

Myopia, or nearsightedness, can bring us big inconvenience and may even cause big troubles in life. Here are some tips that may help you to prevent myopia.

Try not to read for a long time. Whether it's for the love of books or because you are studying for a test that will take place tomorrow, don't overdo it. This means either getting away from a page-turner (引人入胜的书) or starting your studies a few days earlier. If a long reading can't be avoided, try taking regular breaks to rest your eyes.

Consume lots of eye-protecting vitamins. It's very meaningful to get kids to eat the healthy orange vegetable — carrot, which is rich in vitamins. Still, good doses (剂量) of multi-vitamins will improve not only your eyesight but your health in general.

Do your reading or focusing in well-lit room. Weak light may cause damage to your eyes and result in the need for glasses. It will also give you a headache and cause you to become tired. Buy a reading light or just turn on a bright lamp.

Be mindful of the distance between your eyes and the object you're focusing on. Whether it's a book or the television, being too close is going to bother your eyes. It will also cause your head to ache and may dry out your eyes.

Talk to an eye care doctor at the first signs of eye trouble. Early examination of nearsightedness can lead to quick treatment and less serious symptoms.

四、教学目标

在本节课结束时,学生将能够:

① 获取眼睛的功能、结构和常见问题,重点是对近视这个最常见的问题形成比较全面深刻的认识(如近视的定义、现状、成因以及预防和改善的措施等)。

② 梳理出文章的框架和脉络,概括出文章的主旨要义,并能够用网络图或者框架图呈现出所获取的主要信息。

③ 认识到学习科普知识的意义:能用关于眼睛的常见知识指导自己的生活,通过传播知识来改变他人。

五、教学过程

整节课的课堂教学流程见图4-3。

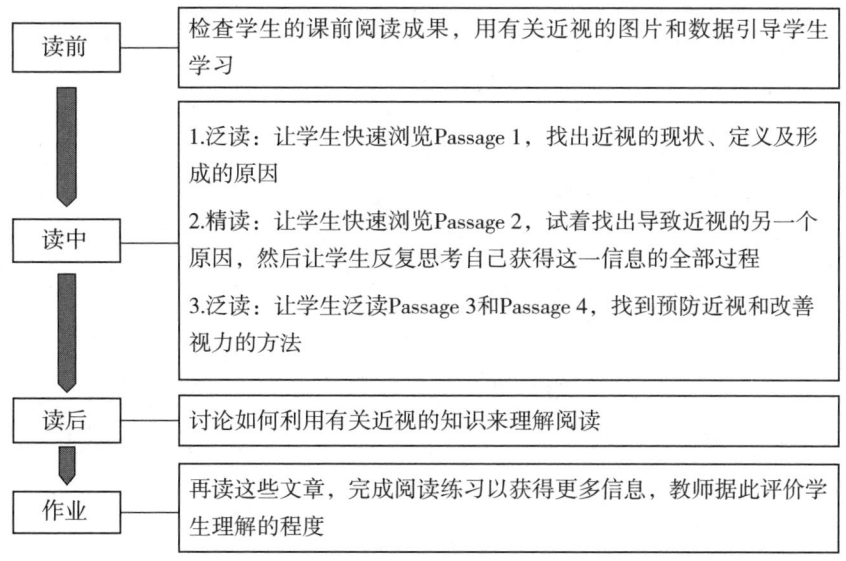

图4-3 课堂教学流程图

【活动1】检查学生的预习作业，核对阅读理解题

为了检查学生对课前阅读材料的理解情况，教师引导全班学生一起核对作业中的阅读理解题。五道阅读理解题都是简单的事实性问题，学生能够轻松回答。

完成预习作业后，学生已经基本了解了关于眼睛结构、常见眼睛问题的术语等。

【活动2】观看表格、照片，调动学生的情绪，预测话题

为了调动学生的阅读热情，激发学生的学习兴趣，教师首先呈现最近的体检结果中年级各个班级的近视率（见表4-2）。

表4-2 Nearsightedness of the Grade

Class	Total students	Nearsighted students	Nearsightedness percentage
10	35	25	71.4%
11	38	20	52.6%
12	39	31	79.5%
13	37	31	83.8%
14	32	27	84.4%
15	32	20	62.5%
	213	154	72.3%

学生惊讶地发现年级学生的近视率高达72.3%，而且自己所在的13班的近视率更是"名列前茅"，全班只有6个同学不近视，这着实让人惊讶。

紧接着，教师呈现了年级教师的合影。学生看到亲切的老师的合影，笑得非常开心。在学生的笑声里，教师提出问题：What do the teachers have in common? 学生们开始思考，聪明的学生很快说出了答案：All the teachers wear glasses. 就这样，教师通过一个表格、一张照片，快速将学生带入了近视话题中。

第四章　初中英语主题阅读的泛读课活动设计

【活动3】泛读Passage 1，获取信息

学生快速阅读Passage 1，获取主要信息。教师通过下面的问题来检查学生对文本的理解程度。

1. Which part of the world has the most nearsighted students?
   A. Europe　　　　　B. East Asia　　　　　C. Africa
2. Which country has the highest percentage of nearsightedness?
   A. India　　　　　　B. China　　　　　　C. Singapore
3. What is the nearsightedness rate in China?
   A. 31%　　　　　　B. 77.3%　　　　　　C. 80%
4. How many people are nearsighted in China?
   A. 400 million　　　B. 1.3 billion　　　　C. 600 million

答案：1. B　2. C　3. A　4. A

学生能够快速、精准地定位这些事实性信息，并认识到近视的普遍性。接下来，教师引导学生了解近视形成的原因。为了帮助学生想出近视形成的原因，教师提供了若干造成近视的图片。学生在图片的帮助下，依据背景知识，罗列了如下原因：Spending too much time playing computer games, ipad; having too much study work; reading or writing in improper ways; reading or writing in weak lights.有些学生背景知识丰富，甚至说近视与吃太多甜食有关。

当教师继续追问学生是否还有其他导致近视的原因时，学生一时语塞，于是，教师引导学生阅读Passage 2，来寻找其他原因。

【活动4】精读Passage 2，概括文章的主要内容，并给出概括的依据

学生首先独立阅读Passage 2，完成对文章主要内容的概括。接下来，教师引导全体学生一起概述文章的主要内容。通过阅读和梳理，学生明确了本文的主要内容是介绍一项研究。教师带领学生一起将思考的结果用思维导图的形式呈现在黑板上。思维导图呈现了学生对文章内容的理解，主要包括研究目的、研究对象、研究结果、研究结论、对研究结论的解释和建议等，具体信息见图4-4。

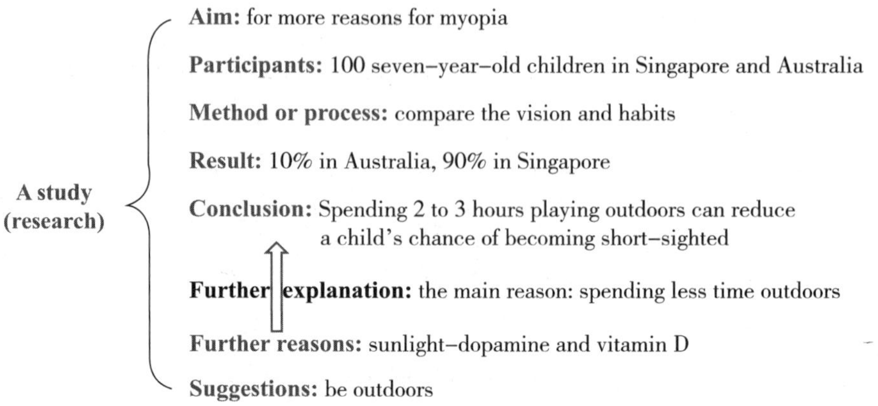

A study (research)
Aim: for more reasons for myopia
Participants: 100 seven-year-old children in Singapore and Australia
Method or process: compare the vision and habits
Result: 10% in Australia, 90% in Singapore
Conclusion: Spending 2 to 3 hours playing outdoors can reduce a child's chance of becoming short-sighted
Further explanation: the main reason: spending less time outdoors
Further reasons: sunlight-dopamine and vitamin D
Suggestions: be outdoors

图4-4　“近视”一文意义构建的思维导图

学生梳理完文章结构后，能够理解导致近视的另外一个原因是户外活动过少，体内多巴胺和维生素D不足。接着，教师带领学生总结了研究报道类文章的结构框架：研究目的、研究过程、研究方法、研究结论、解释研究结论的原理和针对研究结论给出建议等，并提醒学生这种研究报道类文章的结构大同小异，抓住此类文章的内容和结构特点有利于快速获取信息。

【活动5】泛读Passage 3和Passage 4，概括文章的主要内容

学生快速阅读Passage 3和Passage 4，概括保护眼睛和预防近视的多种方法。

实际上，整节课中，随着学生阅读篇目的逐渐增加，教师在黑板上以思维导图的形式和学生一起构建出了“近视”主题的主要内容，包括近视的定义、近视的成因和预防措施（见图4-5）。

The Prevalence of Myopia

What myopia is
(The definition)
Myopia
What causes myopia
(The causes)
How to prevent or improve it
(The methods…)

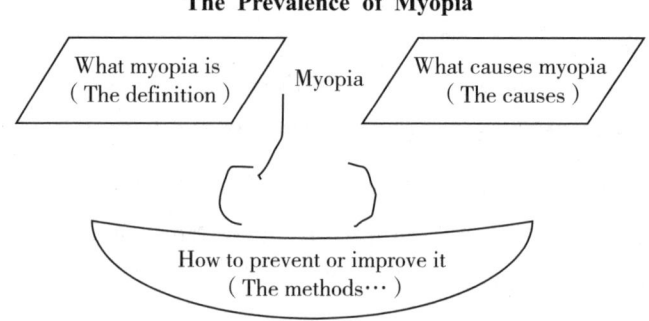

图4-5　“近视”主题主要内容的思维导图

【活动6】小结提升

当学生完成几篇文章的阅读后，对近视已经有了非常全面的认识。教师趁热打铁，引导学生思考：Knowledge is fantastic, but it is not life changing until used. 即让学生知行合一。从学生的颔首和微笑的眼神中可知，学生会行动起来，爱惜自己的眼睛的。

【活动7】布置作业

为了巩固所学知识，教师请学生课下再读文章，完成选择性阅读理解题，完善关于"近视"主题的思维导图，并准备口头介绍"近视"主题。

五、教学效果评价

本节阅读课用时47分52秒，笔者通过课堂观察和重复观看录像，梳理了学生的阅读活动，通过课堂活动内容、活动类型来说明学生活动的时间以及活动中学生的思维发展过程（见表4-3）。从表4-3可以看出，在阅读活动中，学生思考的时间充足，从活动形式占比整节课的时间来看：学生独立阅读、思考的时长为11分13秒，约占23.4%；学生与同伴交流的时长为5分42秒，约占11.9%；全班一起交流的时长为24分33秒，约占51.3%。学生总体阅读以及用来交流自己阅读所得的时间约占整节课时间的86.6%，而其中教师做引导的时间约占整节课时间的13.4%。可见，此次教学是以学生活动为主的。

从阅读理解活动的形式来看，只有课前的阅读文章的检查使用了选择题的形式，其他的阅读理解活动类型主要有概括段落主旨、文章主旨、文章框架和回答文本主要内容等。可见，学生的阅读理解活动完全要依靠自己对文本的理解和构建，然后才是与同伴、全班同学以及教师的"碰撞"，从而加深对文章的理解。

表4-3 "近视"主题阅读课中，学生的活动及思维发展

学生的活动			活动类型	学生的思维发展
活动时长	活动形式	活动内容		
1分36秒	观看图片和表格	看年级教师合影，年级以及班级近视率表，说出发现	思考近视的普遍性、严重性	预测

续表

学生的活动			活动类型	学生的思维发展
活动时长	活动形式	活动内容		
11分13秒	独立阅读、思考	1. 泛读Passage 1 2. 快速浏览Passage 2 3. 细读Passage 2 4. 泛读Passage 3、Passage4	1.勾画、概述主要内容 2.概括主要内容 3.总结概括主旨的方法 4. 跳读，查找文章主要内容	1.提取概括 2.概括表达 3.概括信息 4.提取、概括信息
5分42秒	与同伴交流	1. Passage 1段落主旨的概括 2. Passage 2篇章主旨的概括 3. Passage 2主旨观点背后的原理	1. 分享自己概括的内容 2. 分享自己概括的内容 3. 表达较少运动可以导致近视的原因	概括表达
24分33秒	全班同伴交流阅读文章	1. 交流课前阅读文章（Small but Mighty），回答事实性问题 2. 课前阅读文章小测 3. 泛读Passage 1，获取信息，逐段概括段意 4. 精读Passage 2，概括文章主旨和各段的主要内容 5. 查找Passage 2中的研究目的、对象、方法或过程、结果、结论等信息 6. 阅读并概括Passage 3、Passage 4的主要内容	1. 回答英语问题 2. 回答英语选择题 3. 分享自己概括的各段的段意 4. 分享自己概括的文章的主旨和各段的主要内容 5. 分享自己查找的信息 6. 分享自己快速查找的信息	1. 提取表达 2. 提取信息 3. 概括表达 4. 概括表达 5. 提取信息 6. 提取概括

　　从学生的思维发展来看，学生先是独立阅读并理解文本，然后与同伴交流碰撞，丰富自己的理解，最后与全班交流，使理解更完整、更全面。同时，在课上的阅读理解活动中，教师引导学生一边阅读一边用思维导图梳理文章的主要内容，这有利于学生对文本知识进行结构化构建。

第四章 初中英语主题阅读的泛读课活动设计

为了准确地了解本节课的教学效果，除了进行课堂观察外，我们还在课堂结束时，就主题阅读效果访谈了上课班级的35名学生。我们请学生就本节阅读课写下自己学到的内容，以及印象最深刻的地方和需要改进的地方。表4-4是使用许家金等研发的Qualitative Coder软件对这次访谈进行统计的结果。

表4-4 "近视"主题阅读课后对学生的访谈结果

No.	Name	Tag set	Freq.	Count	Tagged Texts
1	主题理解	<主题理解>…</主题理解>	35	35	更深刻、广泛地了解了近视的定义、原因、现状，以及预防和改善的措施，话题更加深入（25） 阅读数量的积累（2） 学到了专题的答题方法（1） 阅读更加系统（3） 阅读话题的段落结构清晰：what it is (introduction) — cause of it(process by study) — how to prevent them (methods) — give some suggestions（4）
2	概括主旨技能	<概括主旨技能>…</概括主旨技能>	39	39	学会了如何获取关键信息且速度更快（9） 学会了如何概括段意（8） 学会了标画重点、关键信息的方法（2） 学会了如何理清段落间的逻辑关系：对应句子的开头、过程和结尾；得出结论：总结句（2） 通过找主题句理解了文章的主旨（11） 更加清晰地学习了英语阅读科技文研究类文章的阅读方法（7）
3	英语授课	<英语授课>…</英语授课>	2	2	同学回答问题时使用了英文（1） 全英文授课有助于提高口语水平（1）

续表

No.	Name	Tag set	Freq.	Count	Tagged Texts
4	效率高	<效率高>…</效率高>	13	13	意识到主题阅读对于英语学习有相对较大的帮助，激发我们更加积极地思考（1） 上课结构清晰（1） 通过讨论的方式，学到了他人的优点（1） 课堂氛围良好（1） 讲课教师备课充分，有主题（1） 搭配图片，方便理解（1） 课堂阅读效率高（6） 课堂较活跃，板书翔实（1）
5	思维导图	<思维导图>…</思维导图>	10	10	优化思维，能更快速、深入、清晰地了解文章的结构和内容（8） 有意思的思维导图可以更加清晰地令人了解文章的结构（1） 提高了对知识分层、分类的能力（1）
6	词汇量	<词汇量>…</词汇量>	13	13	学会了更多单词，如myopia, hyperopia, cornea, lenses, retina等（10） 语句表达：the＋名词＋of＋对象；特殊疑问句＋n./v.＋对象（1） 通过上下文进行猜词（2）
7	促写	<促写>…</促写>	2	2	可从阅读的文章中提炼好词好句用在作文当中（1） 为写作积累了一些句型和好句子（1）
8	兴趣	<兴趣>…</兴趣>	6	6	提高了阅读兴趣（3） 课堂设计生动有趣（3）
9	学生表现	<学生表现>…</学生表现>	6	6	回答问题时语言通顺，表达得体、大方，声音洪亮，讨论时对声音音量控制得很好（1） 在小组讨论时，应该多听他人的意见，并积极表达自己的想法，优化自己的学习方法（1） 练习了阅读后回答问题，学习了如何用英语表达自己的感受（3） 没有说闲话的人（1）

第五章　初中英语主题阅读的读写结合课活动设计

阅读属于语言学习的输入阶段，进行主题阅读输入时要遵循科学规律。美国语言学家Krashen提出了"输入假说"，并列出了理想的语言输入的条件：①输入是可理解的，②输入是有趣或相关的，③输入可以不按语法顺序进行，④输入要有足够的数量。在这四个条件中，"输入是可理解的"是语言习得的核心，不遵循这一规律必将导致语言习得的失败。若语言的输入超过习得者现有的水平，或者输入缺少趣味性或相关性时，输入的材料就难以被习得者理解，从而就导致输入在习得中没有价值。因此，可理解输入是"输入假说"的基础和核心，是语言习得的关键。

为了提高输入的实效性，我们在主题阅读的活动设计中就要采用多技能培养结合的方式。多技能培养的结合可以是读与说的结合，也可以是读与写的结合，即输入与输出的结合。加拿大语言学家Swain针对"输入假说"提出了"输出假说"，她认为可理解性输出是语言习得过程中不可或缺的关键环节，在提高学习者语言能力的过程中起着重要的作用。语言输入是实现语言习得的必要条件，但不是充分条件，要使学习者成功地习得语言，仅仅依靠语言输入是不够的，还要让学习者做大量的语言输出练习。语言的输出练习有助于学习者检验目的语语法结构和词汇、语言使用的得体性，促进语言运用的自动化，从而有效地促进二语习得。

在设计阅读活动时，教师要通读阅读素材，整体统筹，均衡精读课和泛读课的比例。在精读课中，教师要引导学生深度理解文本的主题意义，同时在主题情境中学习、内化语言知识，发展语言技能，运用学习策略，潜移默化地形成正向的情感、态度和价值观。在泛读课中，教师通过设计活动，激发学生广泛阅读的兴趣，指导学生学习使用多种阅读策略，横向、纵向建立文本间的联系，实现对主题意义的理解；同时，引导学生在语篇情境中积累语言，发展学习策略，丰富表达。此外，教师也要遵循语言学习规律设计主题阅读的读写结合课。

本章将通过读写结合的案例，探究如何进行以读导写、读写结合的教学设计。

在突出读写结合的单元教学设计中，最开始是构建单元主题体系，具体方法已在第二章做了详细介绍。即由教材出发，首先概括教材的主要内容/概念;其次,围绕学生的认知水平和兴趣点,构建学生可以理解的其他概念,将这些概念进行整合,形成次主题,再将次主题整合成主题,从而构建一个主题体系,然后再依据主题体系搜集、筛选、整合、改编素材;最后,精心设计阅读活动。构建好主题体系后,就要搜集、筛选素材,整体进行教学设计。为了凸显阅读和写作能力结合发展的实效性,需要把握好以下两个方面:第一,主题阅读是否实现了大量可理解性输入为输出做的铺垫作用,即阅读为写作做铺垫;第二,如何通过语言输出,实现主题阅读大量输入的主动性和目的性,即写作体现阅读的实效性。

主题阅读中的大量阅读可以为写作做好哪些铺垫呢?

从写作内容上来说,阅读可以激发写作的创意和灵感,帮助学生开阔思路,确定写作内容;从写作结构上来说,阅读语篇中多样的结构可以为写作提供样例,供学生借鉴和模仿;从写作语言上来说,阅读情境有助于主题词汇、句型的自然积累和内化,必要时,学生也可以在主题情境下进行语言操练。

如何通过语言输出,提高主题阅读中大量阅读的实效性呢?

首先,设计恰当的写作任务,任务要能够涵盖主题阅读的内容,以写驱动,促进阅读的全面和深入;其次,写作形式要得体,要能够激发学生的兴趣;最后,写前的过程性指导要充分,要有助于学生顺利完成写作任务。

图5-1是主题阅读读写结合设计的基本流程。

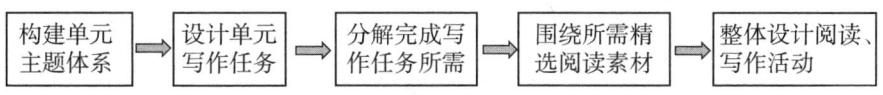

图5-1 主题阅读读写结合设计的基本流程

本章将通过阅读和写作结合的案例形式呈现如何按照主题阅读读写结合设计的基本流程,进行读写结合课的设计与实施。

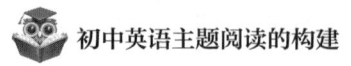

第一节 "科技点亮未来生活"主题阅读读写结合课设计案例

本节中讨论的案例基于笔者指导的北京市第五十七中学杜昕、李芳亚老师执教的两节区级研究课。该案例是基于人教版英语八年级上册Unit 7. Will people have robots?设计而成的主题阅读课中的阅读课和写作课。在这里将还原我们在备课时的思考过程。

一、构建单元主题体系

在备课中,我们首先一起梳理了教材内容,并根据学生的认知水平和兴趣点构建单元主题。教材单元的标题是Will people have robots?话题是未来生活,功能是用will, more..., less...谈论未来的生活。教材的听力文本均以对话的形式谈论未来生活。谈论的话题比较宽泛,涉及未来的国家、人口数、城市、居住地点、家居、工作、学校(包括上课方式、学习、写作业)、业余生活、交通方式、衣服、食物、生活方式、污染等。虽然所涉及的话题比较宽泛,但是内容非常简单,大多只是一人询问未来的某一方面,另一人做出简单的预测性回答,例如,Boy 1:Do you think everything will be free? Boy 2:Yeah, probably. 教材的阅读文本是一篇介绍未来机器人的说明文,主要包括电影中机器人的形象、现在的机器人的功能、未来的机器人是否会像人类一样思考、未来的机器人的外貌特征等。从编者意图来看,本单元是希望学生了解科技的发展,了解未来的生活。从学生的认知水平来看,学生对"未来生活"这一话题比较感兴趣,但是过于简略的内容满足不了学生强烈的求知欲,需要根据学生的兴趣点补充比较详实的介绍。从社会发展来看,科技日新月异,智能手机的出现、移动支付的普及、无人超市的出现等都证明了未来生活会越发便捷,只要敢想,一切皆有可能。于是,我们商定本单元的主题为"科技点亮未来生活",主题体系如图5-2所示。

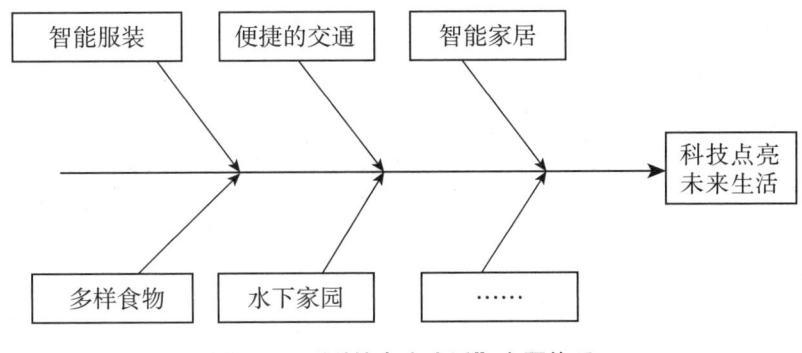

图5-2 "科技点亮生活"主题体系

二、设计单元写作任务

在设计"科技点亮未来生活"主题的写作任务的过程中,我们有一个困惑:是让学生宽泛地描述未来生活的多个方面,还是聚焦描述未来的某个方面生活?如果描述未来生活的某个方面,学生会写得比较深入,但可能会遇到语言障碍,不足以支撑思想的表达。最终,我们决定让学生宽泛地描写未来生活的多个方面,因为这与学生在主题下广泛阅读的任务相匹配。接下来,我们又讨论了如何支撑学生描写未来生活的多个方面。通过主题阅读,可以激发学生思考未来多个方面的发展,并进行预测和想象。凭空想象是很困难的,于是我们初步搜集了一些资料。看到网上丰富的关于未来生活的资料后,我们确信学生可以通过主题阅读受到激发,从而畅想未来生活。学生还可以通过主题阅读积累不同话题的相关词汇,如便捷的交通、智能家居等。于是,我们开始设计写作任务,并最终确定写作任务为描述2036年自己的一天。

三、分解完成写作任务所需

为了更好地打通阅读与写作之间的壁垒,体验完成写作任务需要哪些内容做支撑,笔者先根据写作任务自己写下水文。我首先想到20年后的2036年,自己已经退休了,那时我的生活应该是很轻闲的,希望有更多的时间可以和朋友一起外出旅游和享受生活等,并希望少一点儿家务琐事,多一点儿惬意和轻松,而这份惬意和轻松就需要靠科技来实现了。

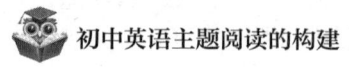

My Cozy Day in 2036

In 2036, I will retire and stay at home. I will invite friends home to chat with or have a relaxing party together. We don't have to worry about what to eat and what to cook while chatting. I will tell robots what we want to eat and then let the robot prepare and I just enjoy talking with friends. After the party, I won't worry about the messy room, because robots will help me clean everything and put away all the things we used. What cozy days I will have in 2036!

小结下水文的整个思考过程可知，学生完成写作任务时，需要想象2036年时自己的职业，需要用一个关键形容词来概括2036年的生活，需要选择未来生活的一个或几个片段进行描述，描述需要体现便捷或智能。因此，学生需要知道职业名称，能用形容词概括未来生活，并能选择与概括性形容词相匹配的工作、休闲、交通等片段，并加以描述。

四、围绕所需精选阅读素材

设计好写作任务后，就进入到主题阅读单元素材的搜集阶段。在搜集的过程中，要把握好"内容支撑单元主题理解，语言符合学生水平"的原则。

首先，根据八年级学生的认知水平，决定从未来居住地点、家居、工作、学校、业余生活、交通方式、衣服、食物、生活方式等方面进行阅读材料的搜集工作。大部分阅读素材是原汁原味的英美文章，有着内容新颖、语言地道、话题丰富且趣味性强的特点。

然后，根据学生的英语水平，我们将材料中的部分内容进行删减、部分词汇进行替换，并请外籍教师帮忙审校，力求符合八年级学生的阅读水平。最后确定了十篇阅读材料作为本单元的主题阅读内容，下面的三篇文章就是其中的阅读素材。

Passage 1

One Morning in 2036

Imagine you are living in a western city in 2036. A morning might look something like this: There will be no alarm clock in your wake-up routine. Instead, you'll be woken up by a gentle massage sent by your bed.

Your apartment is a band and you are the conductor. With simple flicks and spoken instructions（指令）, you can control temperature, humidity, background music and lighting. You are able to watch the day's news on translucent screens.

At that time, some clean clothes come from your closet. After you get up, your central computer system suggests a list of chores your housekeeping robots should do today. Now, it's time for you to go to work in a driverless car.

Passage 2

Smart Clothes for New Century

In the new century, "smart clothes" are used not only for covering your body, but for many other kinds of uses. Some kinds of smart clothes have come into the market. A German clothing maker has invented the "MP3 blue jacket". This kind of jacket can be used as both an MP3 player and a mobile phone. An English company has developed a cloth keyboard that can be put onto your pants. You can control your computer with it easily anywhere. If it gets dirty, the keyboard can be washed and even ironed. As the technology improves, smart clothes will get much smarter.

Researchers are developing clothes that can show your body temperature and heat you up before you feel cold. Other smart clothes to wear are special medical ones. They can tell the doctor when you are in danger. This technology can also provide important information about your environment. Shirts can warn you of high pollution levels. Jackets with GPS（全球定位系统）technology can keep you from getting lost. People have begun to love the idea. Probably smart clothes will one day be common on Paris streets — and even in your own home.

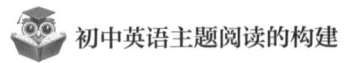

Passage 3

What will life look like in 20 years? Underwater cities, 3D-printed food or holidays to Mars. They look like scenes from a science fiction film — but these striking images show how we could all be living in 100 years time.

From owning an apartment in an underwater "bubble city" to eating 3D-printed restaurant food and travelling in our own personal drones（无人驾驶飞机）, academics have predicted how technology will change life within a century.

The changes are not just how we live but where we live, with science opening the door to homes underwater, underground and holidays on the Moon and Mars. Inside a big see-through bubble, homes, schools, offices and even parks could be built using the water itself to make oxygen（氧气）.

A new report predicts that a holiday in 2036 won't just mean going as far as Australia or Thailand but leaving the Earth's atmosphere to spend a night on the Moon or Mars.

此外，在写作课上，教师还呈现两段视频资料和一段描述视频资料的文字材料，帮助学生展开对未来生活的想象和示范写作。

五、整体设计阅读、写作活动

阅读课和写作课是连续的两个课时，具体课时目标、活动设计及效果评价在下面的教学设计中体现。

六、阅读课教学设计

1. 文本分析

本节主题阅读课中的三篇阅读材料均为说明文，其中，Passage 1按照时间顺序描述了2036年的一个早晨；Passage 2描述的是新世纪各种类型的智能服装的神奇功能；Passage 3概括介绍了未来的水下城市、3D打印食物技术、无人驾驶飞机和未来旅游等。随着科学技术日新月异的发展，这些有的已经实现，有的即将成为可能。

这三篇阅读材料从不同的角度介绍了科技发展可能带来的未来景象，能够很好地激发学生畅想未来，帮助学生打开思路。文章中对未来的描述是基于科学研究成果进行的预测，有的已经变成了现实，其他的也正在研发当中，所有的这些预测比较容易让读者信服。

2. 教学目标

在本节课结束时，学生将能够：

① 阅读文章，获取未来生活中关于早晨、智能服装、食物、居住地、旅游等的细节信息。

② 使用思维导图对获取的信息进行条理化分类。

③ 能口头简单询问和描述未来的智能服装和日常生活。

3. 教学过程

整节课的课堂教学流程见图5-3。

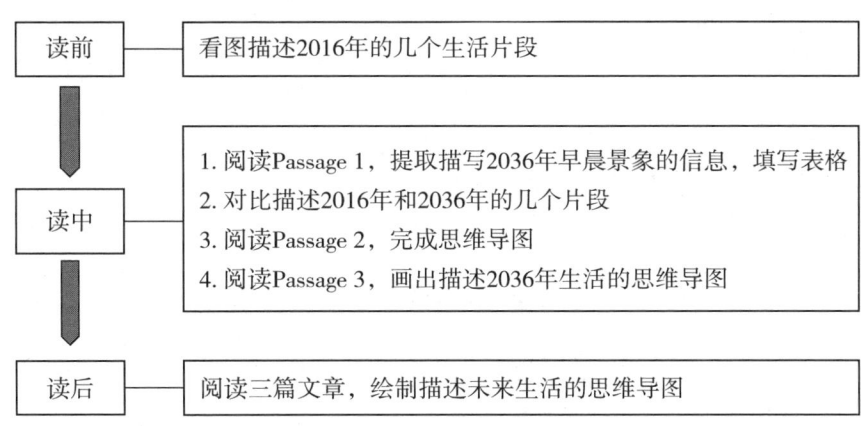

图5-3　课堂教学流程图

【活动1】看图，描述2016年的几个生活片段

学生在图片的提示下，用英语描述2016年早上起床、早餐、出行方式、家务、旅游等的基本情况。这个活动可以让学生用一般现在时的主动、被动语态口头描述2016年的生活片段，以便和后面要阅读的2036年的生活形成鲜明的对比。

【活动2】阅读Passage 1，提取描写2036年早晨景象的信息并填写表格5-1

表5-1　A Morning in 2036

There will be *no alarm clock*.
I will watch news *on translucent screens*.
Robots *will do chores*.
I will go to work *in a driverless car*.

学生阅读后提取描写2036年早晨景象的信息，并使用目标语言填写表格。表格中没有给学生任何提示信息，目的是让学生自己通过文章中描述2036年早晨的角度，并提取信息，这样可以让学生完整地经历获取信息的过程。表格中斜体画线部分是学生在课堂上填写的信息。表格中给出的目标语言结构为...will...，提示学生表达未来时应该使用一般将来时。

然后，教师出示图片，帮助学生利用语言和图片猜测translucent和driverless的含义，培养了学生在语境中猜测、理解和记忆词汇的能力。

接下来，教师请学生根据表格5-2，对比描述2016年和2036年的早晨，并就自己最喜欢的发明发表看法。

表5-2　The Mornings of 2016 and 2036

Aspects	A morning in 2016	A morning in 2036
wake up	The alarm-clock wakes me up.	There will be no ...
watch news		
do chores		
ways to go to school		
Which invention do you like best? Why?		

学生在对比描述2016年和2036年的早晨时，需要在一般现在时和一般将来时之间进行转换，这有利于培养他们准确运用时态的能力。

【活动3】阅读Passage 2，完成思维导图

学生快速阅读Passage 2，获取有关未来智能服装的类别及其功能的信息，并使用思维导图（见图5-4）进行分类。

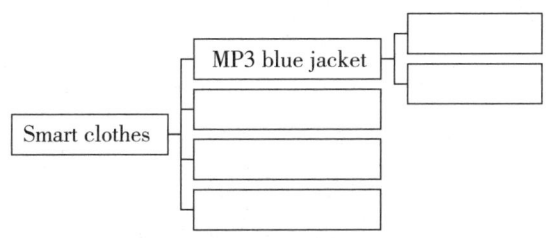

图5-4 智能服装的类别及其功能

教师给出思维导图，提示学生将服装进行分类，并给出第二个分支类别描述其功能，这有利于学生条理化地梳理信息。

学生完成信息的条理化梳理后，全班口头校对答案。然后，学生口头描述几类智能服装，以及这些服装的功能。

接下来，教师利用文本情境，创设了未来服装店的购物情境，并提供了下面的语言支持，学生分组角色扮演售货员和顾客进行购物。

S_1：Welcome to Future Clothes Shop. How can I help you?

S_2：I want to buy a jacket.

S_3：I'm a game player, I want to buy some good pants.

S_4：I'd like to buy a shirt.

在角色扮演中，教师明确活动要求：尽可能使用Passage 2中描述服装的语言。另外，在小组活动时，所有成员都要参与对话，还要注意活动的创意性。

【活动4】阅读Passage 3，画出描述2036年生活的思维导图

关于2036年生活的思维导图包括live，eat，travel等方面。接下来，教师利用语篇情境和图片帮助学生理解3D-printed food，bubble city，drones。

【活动5】阅读三篇文章，绘制描述未来生活的思维导图

学生再次阅读三篇文章，用思维导图的形式呈现未来生活的方方面面。此活动的设计目的是帮助学生再次梳理阅读篇章中对于未来生活的介绍，再次熟悉篇章内容，促进语言内化，也为下一节课写作2036年未来生活做好铺垫。

4. 教学效果评价

从课堂观察来看，本节阅读课实现了如下阅读效果：

① 学生对本节课中2036年在服装、居住空间、生活方式等方面的变化很是憧憬和期待，下课了还兴奋地谈论未来的便捷生活。

② 每个学生都完成了描述未来生活的思维导图，普遍画出了未来生活的吃、穿、住、行四个方面的第二层级。有的学生画得比较快，甚至进展到了思维导图的第三层级，罗列出了核心关键词。令人惊诧的是，学生竟然可以写出translucent screen，drones等第一次在本次主题阅读课中接触到的生词。

③ 学生在角色扮演中，能够根据实际需求想象未来服装的多种功能：有的学生希望未来的服装能根据体温变化而改变保暖效果；有的学生希望服装带自清洁功能；有的学生希望服装带有发光功能，能够在夜晚光线太弱时发光照明。

七、写作课教学设计

1. 教学目标

在本节课结束时，学生将能够：

① 确定主题，通过绘制思维导图，设计篇章结构，理清写作思路，积累写作内容。

② 正确使用含will的一般将来时和There will be... 句型描述未来生活的精彩片段。

③ 依据评价标准评价他人的习作，修改自己的习作。

④ 了解未来的发展趋势后建立努力学习，运用自己的知识去创造更加美好的未来的意识。

2. 教学过程

整节课的课堂教学流程见图5-5。

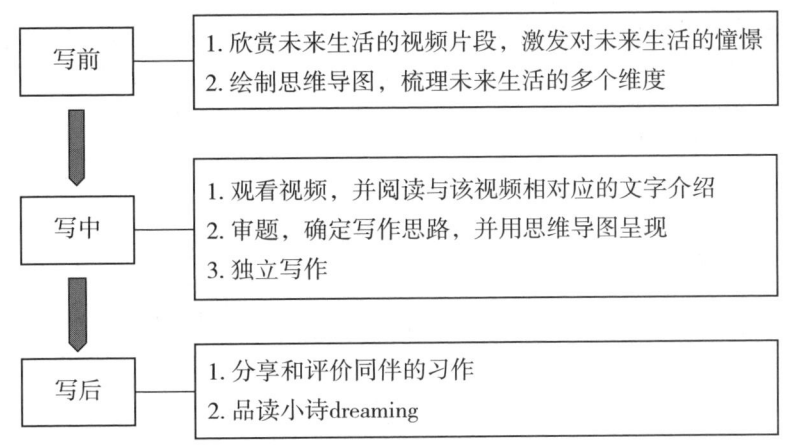

图5-5　课堂教学流程图

【活动1】观看未来生活的视频，运用思维导图勾画未来生活的多个方面

学生观看一段关于未来生活的视频，视频生动地呈现了一位男士从早晨起床享受全自动化的洗漱、吃早餐到着装、订车、上班的全过程。学生看后，很羡慕这样的便捷生活，充分激发了他们对未来生活的预想和期待。视频中虽然没有英语解说，但是内容与上一节主题阅读课中的阅读材料One morning in 2036所介绍的内容非常相似，有利于学生回顾和调用上节课所阅读的内容。

接下来，学生四人为一组，运用思维导图勾画未来生活的各个方面。然后，全班学生一起交流，完善思维导图。

【活动2】依据思维导图，使用will，there will be目标语言描述未来生活

教师请学生示范如何使用will, there will be目标语言描述未来食物。Food：3D-printed, too busy to cook, convenient but not delicious。可以描述

成：The future food will be 3D-printed (There will be 3D-printed food in the future), because people are too busy to cook. It is convenient but 3D-printed food may not be delicious. 接下来，学生练习使用will，there will be目标语言描述未来生活的多个方面，直到能够熟练运用为止。

【活动3】观看视频，理解示例，激发对未来生活的灵感

学生观看另外一段视频，激发畅想未来生活的灵感。让学生阅读视频中人物对自己生活的如下描述，学习目标语言：

In the future morning, I will be woken up and dressed with the help of a smart robot. After having the fast 3D-printed breakfast that is not very delicious, I will drive my self-driving pod to work hurriedly. There will be many kinds of fast ways to go anywhere. It will only take me 1 or 2 minutes to go to my office. So I will never be late. This will be my busy but amazing morning in 2036.

And I hope the day will come soon.

【活动4】理解写作任务，动手写作

学生审题，理解下面的写作任务，构思写作内容，再动笔写作。

Write a Passage about their lives in the future according to the following questions：

① What will you be in 2036? (A reporter, teacher, doctor, driver, pilot, basketball player, engineer, cook...)

② Please imagine an amazing part of your day to describe your dream life in 2036.

③ Will you enjoy your life in 2036? Why?

My _____ Day in 2036

_____

_____

_____

教师给出评价标准：想象力占3分；语言运用占7分，其中will，there

will be目标语言的使用占3分，好词好句的使用占4分。

在写作过程中，学生首先需要确定自己2036年想要从事的职业，接下来，需要确定标题中的主旨词，然后再围绕主旨词选择2036年梦想生活的一个片段进行写作。学生在写作的过程中，可以参考上一节阅读课结束时和本节课前面勾画的未来生活思维导图，选择要写作的几个方面，也可以从主题阅读的文本中提取关键词作为语言支持。

【活动5】写后活动 —— 分享展示、评价感悟

被抽查的学生分享自己的习作，其他学生从想象力和语言运用两个方面对其进行评价。

【活动6】听题为"*Dreaming*"的英文诗歌

学生欣赏诗歌*Dreaming*，懂得珍惜时间，努力实现自己的梦想。

Dreaming

By Rachel Burns

Dream, dreaming of tomorrow

What it will be

Dreaming of my future

The life that is ahead of me

Dreaming of the ones I love

Wonder what they are doing

Oh, how I miss them

Dreaming of the day

When I really find myself

Dreaming of the day

When all my dreams come true

Dream, dreaming of tomorrow

【活动7】课堂小结

① Life in the future will be amazing!

② Don't let your life slip through your fingers just by living for the future.

③ Try your best to make your future brighter!

3. 教学效果评价

学生当堂很快就写出了自己的作文,并与同伴根据评价标准进行了交流。图5-6、图5-7、图5-8是随机选取的三位学生的当堂习作。

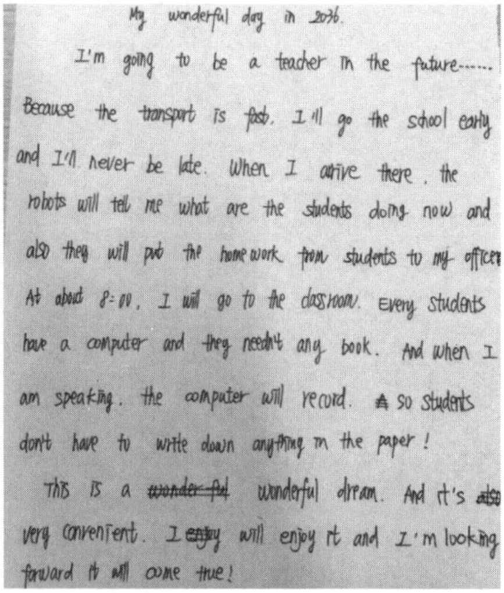

图5-6　我的未来生活1

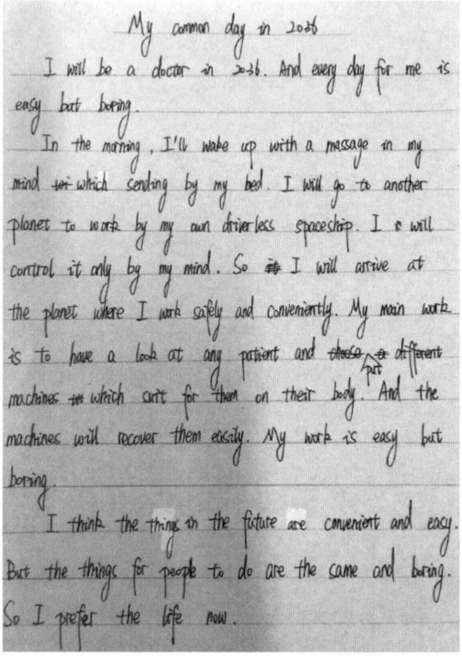

图5-7　我的未来生活2

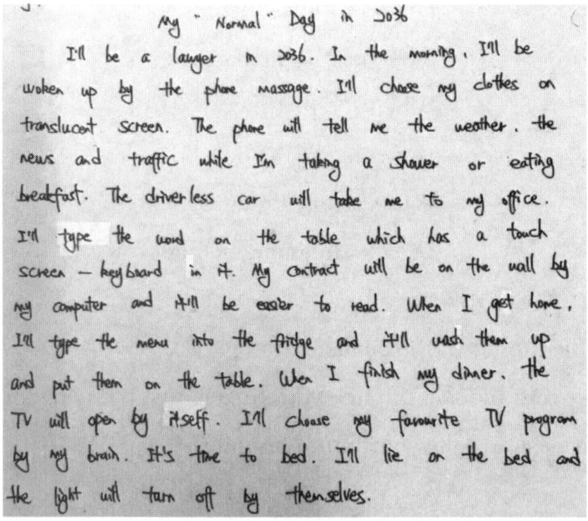

图5-8　我的未来生活3

分析以上的学生习作，可以知道本单元主题阅读的效果：

① 主题阅读帮助学生理解了单元主题。

三位学生在写作中运用了很多高科技理念。例如，第一位学生写出了科技化的教与学方式，学生可以不动笔写，不用纸质书籍；机器人可以随时向教师报告学生的情况。第二位学生想象自己驾驶无人飞船到另外一个星球工作，而且是靠意念来驾驶飞船[I will control it（the spaceship）only by my mind]。第三位学生描述了自动化家居生活。这些都充分说明学生理解了单元主题"科技点亮未来生活"，并展开了想象，描绘出了自己在2036年的生活。

② 学生准确使用了主题阅读中的语言知识。

通过学生们的习作，可以发现他们很好地掌握了与话题相关的词汇，并会用will，there will be目标语言来表达未来生活的概念。另外，他们使用了很多来自主题阅读的词汇，例如，表达交通的transport，driverless spaceship；表达技术产品的半透明显示屏 translucent screen等。通过阅读同一主题的多篇文章，学生对未来生活的多个方面有了较全面的构想，同时积累了大量与未来生活相关的词汇、短语和表达方式，为写作的顺利进行提供了丰富的话题内容和语言表达。

③ 学生的写作层次分明、条理清晰。

学生的写作有结构意识，层次非常清晰。第一篇习作按照时间的顺序介绍了自己的一天，之后的段落再次简洁地总括点题，表达了自己对未来生活的期待。第二篇习作采用了三段式结构来描述自己在2036年度过的普通一天：首段点名主题，第二段具体介绍未来便捷化的一天，第三段再次小结，说明未来生活的便捷以及自己的态度。第三篇习作按照时间的顺序描述了未来自己作为律师的生活。

从学生的习作中发现有一个方面需要改进：学生语言运用的准确性略显不足。通过阅读，学生虽然有了大量的新奇想法，有了一定的核心词汇和短语，但在使用中略显力不从心，语言的准确性不够。例如，描述对未来的预测常会使用的will及there will be句型，学生虽然已经学习过，但在使用时并不熟练，会出现语法错误。

总之，主题阅读对于提高学生的阅读能力，扩大学生的阅读量，增加语境中话题知识的积累，开拓学生的思路和激发学生的阅读兴趣等方面有着非常积极的作用。同时，主题阅读可以将"读"和"写"有机地结合在一起，使学生在阅读中自然习得大量与本话题相关的语言，为学生的写作提供了更丰富的素材，为以后进一步的英语学习提供了更加宽广的平台。

第二节 "与旅游爱好者同行"主题阅读读写结合课设计案例

本节中讨论的案例是笔者指导北京师范大学第三附属中学时丽丽、菅贞老师执教的两节区级研究课。该案例是基于人教版英语八年级下册Unit 9. Have You Ever Been to a Museum? 设计而成的主题阅读课中的阅读课和写作课。在这里将还原我们在备课时的思考过程。

一、构建单元主题体系

在备课中，我们首先一起梳理了教材内容。本单元Section A的话题为"有趣的地方"，听力文本主要是询问和谈论游览过的主题公园和博物馆以及交通方式等。阅读文章是通过三个学生的分别叙述，呈现了三种不同特色的博物馆，即美国的计算机博物馆、印度的国际厕所博物馆和杭州的国家茶艺博物馆。Section B话题拓展到了旅游景点，主要涉及中国的四个不同景点，即长城、故宫、兵马俑和鸟巢。从问学生去过什么地方拓展到学生在参观、旅游时的细节，例如，是否见过兵马俑，是否品尝过当地的特色食物，等等。

其次，我们分析了学生的学情。如果学生经常旅游，去过很多地方，那么本单元的学习内容一定会勾起其对曾经去过的美好地方的各种回忆。为了准确定位教学目标，更好地进行教学设计，教师对学生进行了简单的问卷调查。通过问卷调查发现，学生去过的旅游地点多而杂，他们到各地旅游的活动大都包括爬山、水上运动、购物、品美食、游景点等几个方面。所以，在补充阅读素材的选择上，我们选取了学生经常听说但又不太熟悉的中国香港以及泰国、新加坡，以便激发学生阅读的兴趣。同时，在文章内容的选择上也尽可能包含购物、景点、美食等方面，以便学生在阅读同主题文章时迁移所学。

最后，我们构建出了本单元的主题体系，如图5-9所示。

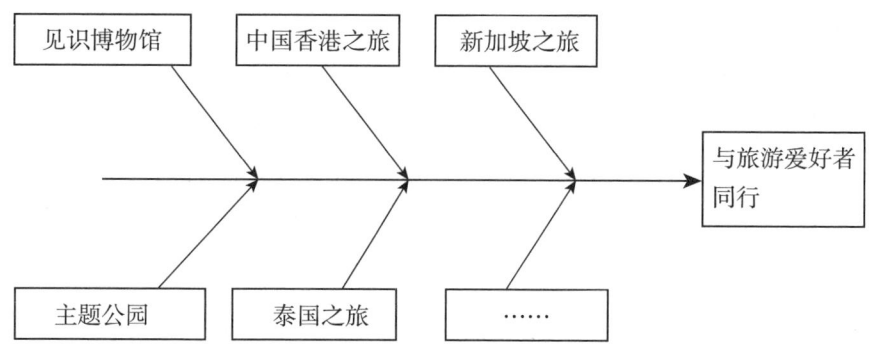

图5-9 "与旅游爱好者同行"主题体系

二、设计单元写作任务

经过前面的学习，学生已经基本掌握了用现在完成时简单描述曾经去过的某个地方，但是，学生缺少如何细致描写一个地方的语言积累。因此，在改编文章时，我们尽可能突出细节描写，为学生模仿运用提供范本。如果我们创设情境时，让学生为自己去过的好地方写一篇旅游推荐书，学生的写作兴趣一定倍增。另外，在写作中引导学生重点介绍自己去过的好地方的特色和要去旅游的人会着重关注的地方，也有利于学生在阅读旅游方面的文章时学习掌握旅游介绍文章的结构，快速获取重要信息。在查阅资料时，我们了解到TripAdvisor网站正在征集旅游推荐，于是我们将本单元的写作任务设定为写旅游推荐书（Travel Recommendation），并向TripAdvisor网站投稿。这样的写作任务以学生的生活经验和兴趣为出发点，有助于学生抓住旅游推荐地的典型特征，并使用恰当的语言和结构进行表达。

三、分解完成写作任务所需

学生在写作Travel Recommendation时，需要先选定自己印象深刻的地方，明确该地方的特色，用简洁、生动的语言进行介绍，同时还要做到层次分明、逻辑清晰，方便读者快速阅读。

四、围绕所需精选阅读素材

阅读与写作的关系最为密切，阅读是语言信息的输入，学生可以从阅读中借鉴写作结构、模仿写作语言。因此，教师在挑选阅读素材时，要挑选能体现地方特色、结构清晰、语言有吸引力的素材。

在搜集的众多素材中，下面两篇分别介绍中国香港和泰国的文章特点比较鲜明：介绍中国香港的文章抓住Disneyland，Happy Valley和Victoria Harbour这三个著名的地点进行了介绍；介绍泰国的文章从泰国的名胜、购物和交通三个方面进行了介绍。教材上介绍新加坡的文章以第二人称形式拉近了与读者的距离，从语言、食物、夜间动物园、天气四个方面介绍了新加坡。这三篇文章均抓住了地方特色，其结构清晰、语言简洁，值得学生进行模仿与参考。

Passage 1

Hong Kong

There are many places of interest which you cannot miss in the "City of Life", Hong Kong. It is much more than skyscrapers, teeming streets and Jackie Chen. Here are some of the best things to do while staying there.

1. Have fun in Disneyland

Disneyland is a place full of surprises.

It will bring you into a magical world and make your dreams come true, whether travelling through space, visiting a pirate ship or meeting your favorite Disney cartoon characters. As you wander around the fantastic amusement park, you may see exciting rides, amazing parades, lovely restaurants and fantastic gift shops. You can't miss the evening show with fireworks as well. All of these will leave a lasting impression on you. Disneyland is a perfect place to explore the fun and fantastic world!

2. Go Horse Racing at Happy Valley

Horse racing plays an important part in Hong Kong life. The racing season starts in September and runs to July of the following year at Happy Valley. With betting sheets in hands, thousands of fans scream and cheer on their favorites while listening to radio commentary. If you want to enjoy the exciting and thrilling racing, don't miss 'Happy Wednesdays' at Happy Valley where you can enjoy the night, with music, drinks and more!

3. Enjoy a feast of eyes at Victoria Harbour

If you want to experience a dazzling （炫目的）view of Hong Kong, watching *A Symphony of Lights*（幻彩咏香江）is a good choice. It is the world's largest light and sound show with more than 40 buildings on both sides of Victoria Harbour. The show begins at 8:00 p.m. every night and lasts for about 13 minutes to show the energy of Hong Kong.

Passage 2

Thailand

You won't find a more relaxing or more beautiful holiday destination than Thailand. From the famous beaches of Phuket（普吉岛）to the lively capital Bangkok, this country has lots to offer the holidaymakers. The best time to visit Thailand is from November to February.

Places to see

There are many places to see in Thailand but here are some of the visits you should not miss:

- Patong

Patong is famous for its long sandy beach and water sports. The bay is 4 km long with pure white sand and gives you an opportunity to do water sports, like swimming, diving, fishing, sailing and surfing. People there are also very friendly and hospitable（好客的）. If you are looking for a relaxing holiday, it is always on the top list of the must-go places.

- Phang Nga Bay

You will have a perfect opportunity to canoe in Phang Nga Bay and get the best of both worlds — by day and night. The tour starts after lunch and you can relax yourself on a canoe travelling through the islands during the daytime. At dusk, you will enjoy the beautiful sunset while having a Thai-style seafood dinner. Once darkness falls, the starlight tour begins. There is nothing but twinkling stars and shining lights around you. You will remember the breathtaking scenery for the rest of your life.

- Phi Phi Island

Phi Phi Island is thought to be one of the most naturally beautiful islands in the world. Once you are there, you will fall in love with the sunlit blue ocean. The beach is as white as clouds and the sea is as clear as crystal（水晶）. It is an excellent place  for snorkeling（潜泳）and taking perfect photos. You can enjoy the sunbath on a beach chair, sipping iced drinks. There is no need to be in a hurry.

- Bangkok

Don't go to Thailand without seeing the capital. It is known for its crowded streets, noise and pollution. But when you get to know more about it, you will change your mind. The city is like an onion. It slowly shows its charm to those who spend a little extra time there. You'll find beautiful Buddhist temples and old palaces with a long history.

Shopping

If you like shopping, Thailand is a paradise for you! It has a great variety of shopping. From open-air markets, street sellers and small shops to modern shopping malls, everything is here for you. Typical local buys are clothes, jewellery, and leather handbags. You can take some time to bargain and choose some souvenirs for your family or friends. The only thing you'll regret about shopping in Thailand is that you didn't bring a bigger suitcase!

Transportation

Now it is convenient to travel between China and Thailand, for there are regular international flights. It is also not far from China and the ticket price is not very high. In Thailand, transportation is easy and cheap. Motorbikes are available all over the country with short trips costing about 35 THB（about ¥7）. Local bus costs as little as 8 THB per trip and it is a good choice to get around the country.

If you want to experience the natural beauty and have a relaxing holiday, come to Thailand!

Passage 3

Singapore — A Place You Will Never Forget!

Have you ever been to Singapore? For thousands of tourists from China, this small island in Southeast Asia is a wonderful and safe place to take a holiday. On the one hand, more than three quarters of the population are Chinese, so you can simply speak Putonghua a lot of the time. On the other hand, Singapore is an English-speaking country, so it's also a good place to practice your English!

> **Making Notes**
> After reading, write down three or more things you have learned. We always remember things better if we take time to reflect.

Have you ever tried Chinese food outside of China? Maybe you fear that you won't be able to find anything good to eat when you travel. In Singapore, however, you'll find a lot of food from China; you won't have any problem getting rice, noodles or dumplings. Singapore is also an excellent place to try new food. Whether you like Indian food, Western food or Japanese food, you'll find it all in Singapore!

Most large cities have zoos, but have you ever been to a zoo at night? Singapore has a Night Safari. It might seem strange to go to a zoo when it's dark. However, if you go to see lions, tigers or foxes during the daytime, they'll probably be asleep! A lot of animals only wake up at night, so this is the best time to watch them. At the Night Safari, you can watch these animals in a more natural environment than in a normal zoo.

One great thing about Singapore is that the temperature is almost the same all year round. This is because the island is so close to the equator. So you can choose to go whenever you like — spring, summer, autumn or winter. And, of course, it's not too far from China!

主题阅读的三篇素材篇幅有些长，直接用来模仿写作成篇章对于基础一般的学生来说有些困难。为了帮助基础比较薄弱的学生进行仿写，授课教师在写作课时提供了另外一篇篇幅短小、适合基础薄弱的学生直接模仿的文章 *An introduction to Singapore*，供学生参考借鉴。这篇文章内容也是关于新加坡的介绍，和文章 *Singapore — A place you will never forget!* 形成了鲜明的对比。

五、整体设计阅读、写作活动

阅读课和写作课是连续的两个课时，具体课时目标、活动设计及效果评价在下面的教学设计中体现。

六、阅读课教学设计

1. 文本分析

本单元的话题是"有趣的地方"，主题是"与旅游爱好者同行"。本节课是一节泛读课，主要目的是帮助学生理解介绍旅游胜地的写作角度以及学习与旅游相关的词汇和句型表达，为下一节写作课提供内容、语言、结构方面的输入。基于学情分析，本节课选用了三篇文章，其中的Passage 1和Passage 2是课外补充阅读素材，Passage 3是教材中的阅读素材。

Passage 1采用总分的写作手法介绍了香港的一些典型旅游项目。学生通过阅读，能够通过细节概括出Disneyland，Happy Valley，Victoria Harbour这三个景点的特征，进而总结出香港的总体特征——活力之都（a city of life）。为写作课积累语言以及学习如何围绕关键词选取相关支撑细节进行了铺垫。

Passage 2采用总分总的写作手法从景点、购物、交通三个方面展现泰国这个美丽并令人放松的旅游胜地。学生通过阅读这篇文章，找出了文章结构，并仔细体会了文章的写作手法，即如何围绕关键词（relaxing和beautiful）展开细节描述，为学习文章结构的布局以及如何围绕关键词展开细节描写提供了语言和结构上的铺垫。

Passage 3为教材中的阅读文章Singapore — A Place You Will Never Forget! 文章从语言、食物、夜间动物园、天气四个方面介绍了新加坡。学生阅读完本篇文章，能够找出文章如何围绕关键词"wonderful"凸显新加坡的特色，以便吸引游客去那里旅游。这篇文章并没有采用与另外两篇相同的结构，而是从四个方面直接介绍，为学生提供了新的文章结构示范，为写作课铺垫语言，也为如何围绕主旨与关键词选取支撑细节提供了范例。

2. 教学目标

在本节课结束时，学生将能够：

① 快速阅读文章，概括作者描述的中国香港、泰国的主要特点，并说明作者在描写中如何突出地方特点；品读典型段落，赏析其语言之美。

② 概括文章结构，体会如何围绕关键词选取相关话题并展开细节描写。

③ 通过阅读发现中国香港、泰国以及新加坡的魅力，感受旅游的乐趣。

3. 教学过程

整节课的课堂教学流程见图5-10。

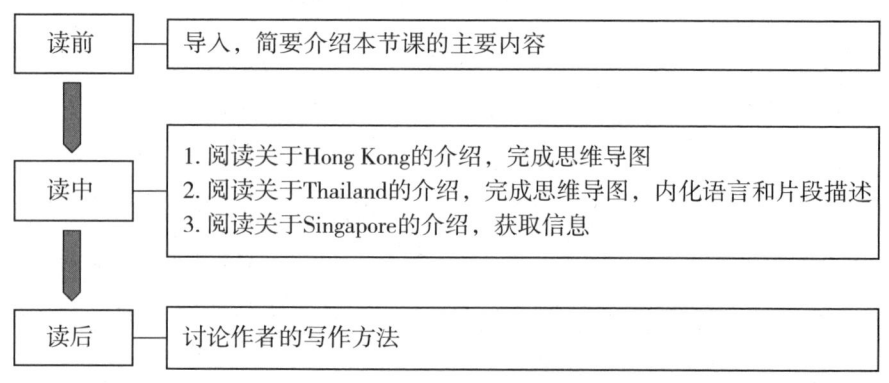

图5-10　课堂教学流程图

【活动1】导入，简要介绍本节课的主要内容

教师出示一位旅游爱好者拍摄的照片，简单介绍本节课的主要内容是跟随该旅游爱好者去游览图片中的三个地方。

【活动2】阅读介绍香港的文章Passage 1，完成思维导图

学生独立阅读介绍香港的文章Passage 1，完成下面的思维导图（见图5-11）。

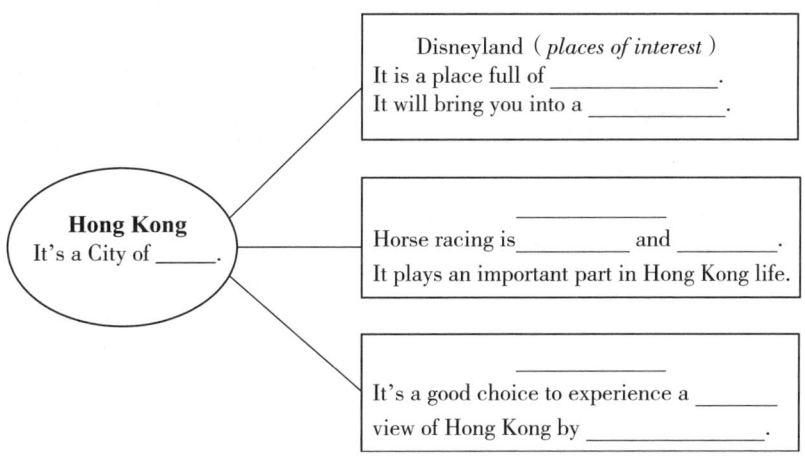

图5-11 阅读"Hong Kong"一文的思维导图

该思维导图清晰地呈现了文章的基本结构,学生能够清晰地看到该文章介绍了香港的三个景点。学生需要依据文章内容概括填写Disneyland、Happy Valley和Victoria Harbour这三个景点的特点。

学生完成思维导图之后,教师带领全班学生一起校对答案。在校对答案的过程中,教师及时出示对应的图片,帮助学生理解各个景点的特色,在脑海中形成生动鲜活的画面。

另外,在帮助学生理解各个段落的过程中,教师可以追问学生诸如Why is Disneyland a place full of surprises? 等问题来帮助学生理解段落细节。事实上,当教师引导学生梳理出了Disneyland带给人们惊喜的细节(travel through space;visit a pirate ship or meet cartoon characters;see exciting rides,amazing parades,lovely restaurants and fantastic gift shops;watch the evening show with fireworks)时,也就理解了作者的写作手法,即用丰富的细节支撑主旨句。

最后,当教师带领学生梳理完香港的三个典型景点后,教师再次询问学生香港这座城市的特点,以及作者是如何通过选取典型景点来支撑对这一特点的介绍的,方便学生学习并内化篇章主旨和细节对主旨起到的支撑作用。

【活动3】阅读介绍泰国的文章Passage 2,完成思维导图

教师带领学生跟随该旅游爱好者的镜头来到泰国。教师引导学生独立

阅读关于泰国的介绍文章，完成下面的思维导图（见图5-12）。

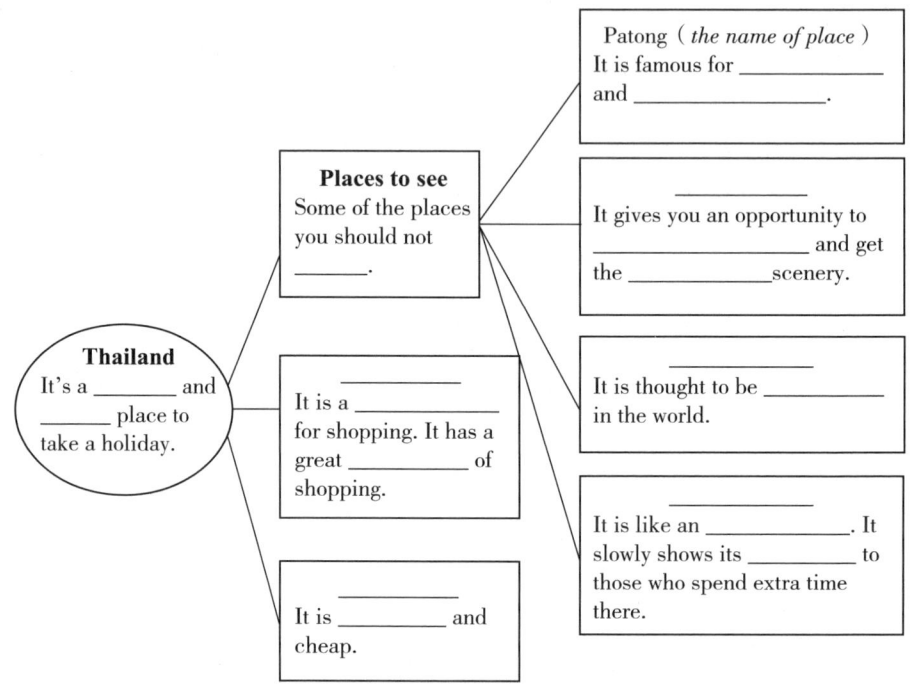

图 5-12　阅读"Thailand"一文的思维导图

在完成思维导图的过程中，学生能够清晰地理解文章的结构层次。这篇文章整体上介绍了泰国的三个方面：名胜古迹（places to see）、购物（shopping）、交通（transportation）。首先，学生需要把每一个方面的总体特点信息提取出来，从而完成思维导图第一个层次的梳理。接下来，学生需要聚焦名胜古迹中介绍的四个地方，以及每个地方的特点，从而完成思维导图的第二个层次。学生每梳理出一个地方的总体特点时，教师就出示该地方的优美图片和概括描述该地方特点的关键句式，如 ... is famous for ...，have a perfect opportunity to ... and get ...，... is thought to be one of ...，等帮助学生理解和内化语言。然后，教师请学生聚焦作者对Phi Phi Island的描写。学生获取出描写Phi Phi Island之美的内容后，教师和学生一起将描述美的句式逐一梳理出来：one of the most naturally beautiful islands，as white as ... /as clear as ...，... enjoy the sunbath on a beach chair，sipping iced drinks。

为了进一步帮助学生学习如何用语言描述Phi Phi Island，教师给学生一定的准备时间，然后让学生参照图片口头描述Phi Phi Island。

接下来，教师引导学生聚焦描述Bangkok的比喻句：The city is like an onion. 引导学生分析作者之所以这样描写的原因，使学生既能体会到这个城市的特色，又能感受到作者的语言运用之妙，并引导学生学习作者先抑后扬的写作手法：It is known for ... But when you ...。

教师引导学生体会作者对于在泰国购物的描写。当学生说出具体的描写内容时，教师引导学生关注语言：It has a great variety of shopping. You can take some time ..., The only thing ... is that ... 。

同样，在学生获取描述泰国交通的信息时，教师引导学生聚焦语言：easy and cheap。

最后，教师请学生回顾在泰国旅游的总体特点，并在学生梳理完信息后在大屏幕上显示relaxing, beautiful等关键词以及泰国风光和在泰国购物的图片。

【活动4】阅读介绍新加坡的文章Passage 3，获取信息

教师通过地图带领学生跟随旅游爱好者的镜头来到新加坡。

首先，教师出示三张新加坡地标性建筑的图片，激发学生了解新加坡的兴趣。

接着，学生快速阅读Passage 3，了解作者对新加坡进行介绍的角度，即四个方面：语言、食物、夜间动物园和天气。

然后，教师提出下面的问题：For whom is Singapore a wonderful place to take a holiday? Why?

最后，学生再次阅读文章，寻找文中支持作者对新加坡的概述——a wonderful place的支撑性细节，并标画出来。学生标画的答案如下：

You can simply speak Putonghua a lot of the time.

It's also a good place to practice your English!

In Singapore, however, you'll find a lot of food from China; you won't have any problem getting rice, noodles or dumplings.

You can watch these animals in a more natural environment than in a normal zoo.

One great thing about Singapore is that the temperature is almost the same all year round.

It's not too far from China!

【活动5】理解作者的写作意图

教师引导学生思考写这三篇文章的目的，帮助学生领会其目的是吸引游客来旅游。

4. 教学效果评价

通过课堂观察和课后议课，听课教师们一致认为本节课在以下方面给人耳目一新的感觉：

① 师生一起边阅读边构建思维导图，清晰地呈现了每个地方的总体特征、值得参观的方面及其具体细节，帮助学生将每个地方的具体介绍结构化，形成了清晰的文章结构，积累了可供模仿使用的语言。

② 学生通过找出文章中的主旨句以及标画文章中的支撑细节，对主旨句和支撑细节的总分关系有了非常深刻的认识，这有利于学生学会有理有据、条理清晰地介绍一个景点。

③ 学生通过横向对比作者如何抓住三个地方的旅游特色进行了具体的介绍，鲜活地呈现了不同城市或国家的特色：中国香港是一个活力城市（a city of life）；泰国是一个令人放松和美丽的国家（a relaxing and more beautiful country）；新加坡是一个既美丽又安全的国家（a wonderful and safe place）。这为学生后面写旅游推荐书时抓住地方特色进行介绍做好了铺垫。

七、写作课教学设计

1. 教学目标

在本节课结束时，学生将能够：

① 概括某旅游胜地的总体特征，并列出突出该特征的写作内容框架结构。

② 模仿阅读文章中介绍旅游胜地的相关表达方式，写出选定的旅游胜地的一个或多个方面。

③ 分享自己推荐旅游胜地的文章，并对照评价标准来赏析、评价同伴推荐旅游胜地的文章。

2. 教学过程

学生写作时需要经历"筛选推荐地—推荐地的特色—哪些方面能体现特色"这三个大的环节，然后进行语言的提取、激活和内化，最后才能动笔写作。在整个写作的教学过程中，教师顺着学生构思写作的思维流程进行了设计。整节课的课堂教学流程见图5-13。

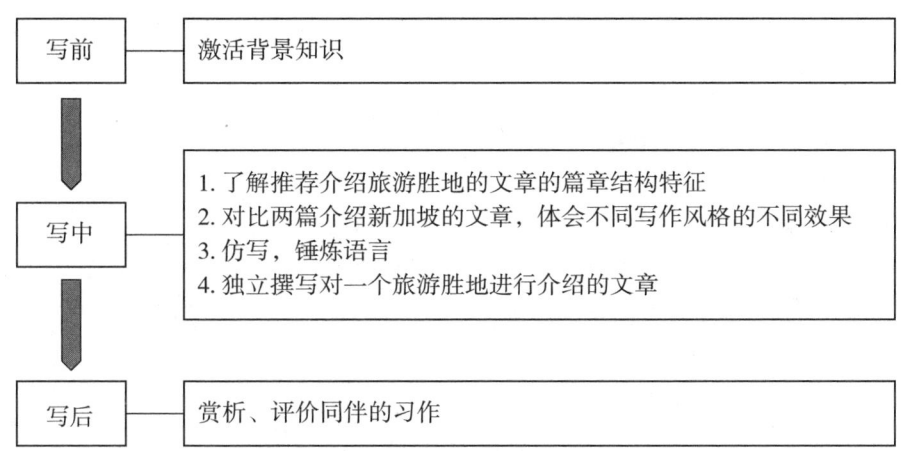

图5-13　课堂教学流程图

【活动1】激活背景知识

教师询问学生去过的最令他们难忘的地方，并让他们简单介绍其难忘之处。最终点明本节课的目的——写一篇旅游推荐书，介绍自己印象中最深刻的一个地方。

【活动2】理解谋篇布局

教师启发学生思考如何抓住一个地方的特色来介绍该地方，同时为了凸显该地方的特色，要选择能体现该特色的支撑细节来介绍。

接下来，教师呈现一些描述性形容词，请学生与同伴练习采用支撑性语句来凸显描述性形容词。学生根据给出的下列形容词，向同伴描述自己去过的有特色的地方。

ancient, beautiful, charming, colorful, convenient, delicious,

educational, exciting, friendly, impressive, magnificent,

meaningful, modern, relaxing, unique, various

第一个学生描述的地方是日本。他的描述如下：Japan is a modern city. People there are very friendly. The food there ... 教师看到学生在描述时毫无章法，只是套用一些形容词进行描述，便追问学生如何支撑对日本是一个现代国家的描述。该同学一时想不出如何支撑，教师便启发其他学生一起帮助他。大家七嘴八舌，想出可以从购物、建筑风格等方面说明日本的现代化特征等。

接下来，教师引导学生思考如何使用合理的结构完成写作。教师指着上一节主题阅读课的板书（见图5-14），启发学生可以参考关于中国香港、泰国和新加坡的三个语篇的结构图模仿写作。

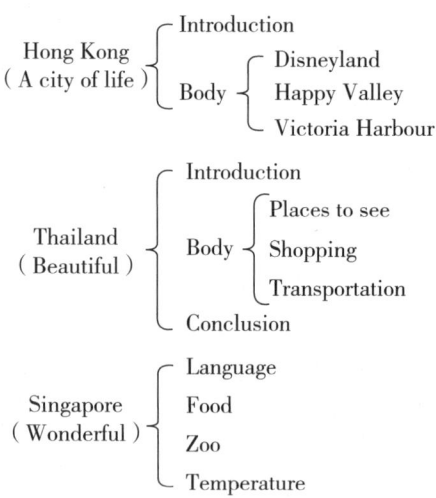

图5-14　关于中国香港、泰国和新加坡的三个语篇的结构图

【活动3】练习写主旨句

教师引导学生阅读每篇文章的主旨句，帮助学生体会段落中要有一个强有力的主旨句来吸引读者的注意力。同时，教师呈现下列主旨句的写作

句型：You won't find a more ... holiday destination than ... From ... to ..., ... has lots to offer the holidaymakers.

学生当场进行模仿写作，产生如下主旨句：①If you are looking for a holiday, Hang Zhou is a good choice. ②Don't go to Suzhou without seeing the gardens.

教师进一步呈现下列句式：① ... is a place full of ...（surprises/happiness/excitement ... ）② If you like ..., ... is a paradise for you. ③ If you want to experience/enjoy ..., ... is a good choice. 帮助学生学习更多写作主旨句的句型。

【活动4】对比两篇文章的写作风格

实践仿写主旨句后，教师引导学生阅读下面一篇介绍新加坡的文章，并对比教材上的介绍新加坡的文章，请学生思考同是介绍新加坡的文章，哪一篇令读者感觉更加亲近，以及原因。

An Introduction to Singapore

The tiny island of Singapore is in Southeast Asia. Although the National language is Malay, but English is still used in Singapore as an official language. Most of the people in Singapore speak fluent English. Chinese made up of 75% of the population, so many people can speak Chinese.

Singapore is a gourmet's（美食家）paradise, with everything from street stalls（摊位）to 5-star restaurants. There are over 30 different cooking styles, including various regional styles of Chinese, American, English, French, Indian, Italian, Japanese, Korean, and Malay cooking. The most common are Malay, Indian and Chinese dishes.

The place people must visit in Singapore is Night Safari. It is the world's first wildlife outdoor park built for visits at night. It has over 1,000 animals from 115 species, of which almost 30% are endangered（濒危的）. Night Safari takes visitors on a tram ride through the jungle.

There are no different seasons in Singapore. It is usually sunny with the hottest period from April to June and most of the rainfalls take place from November to January.

学生独立阅读后，认为教材上介绍新加坡的文章让读者感觉更加亲近，因为作者更多地使用了第二人称，拉近了读者和作者的距离。例如，文章中的下列句子：Have you ever been to Singapore?；... so you can simply speak Putonghua a lot of the time；... you can watch these animals in a more natural environment than in a normal zoo. 都让读者感觉到作者是以一种亲切交谈的方式在娓娓地讲述新加坡的迷人之处。

【活动5】练习细节描写

教师呈现香山的美丽图片，请学生仿照介绍泰国的文章Phi Phi Island中段落的细节描写方法来描写香山的美。学生果然模仿写出了as red as fire，the beautiful sunlit leaves等生动的画面。

【活动6】练习片段描写

在学习了如何模仿使用生动的语言对香山进行描写后，教师使用图片呈现更多关于北京的景点、美食、出行方式等的图片（见图5-15），请学生用三句话描写北京，吸引人们前来旅游。

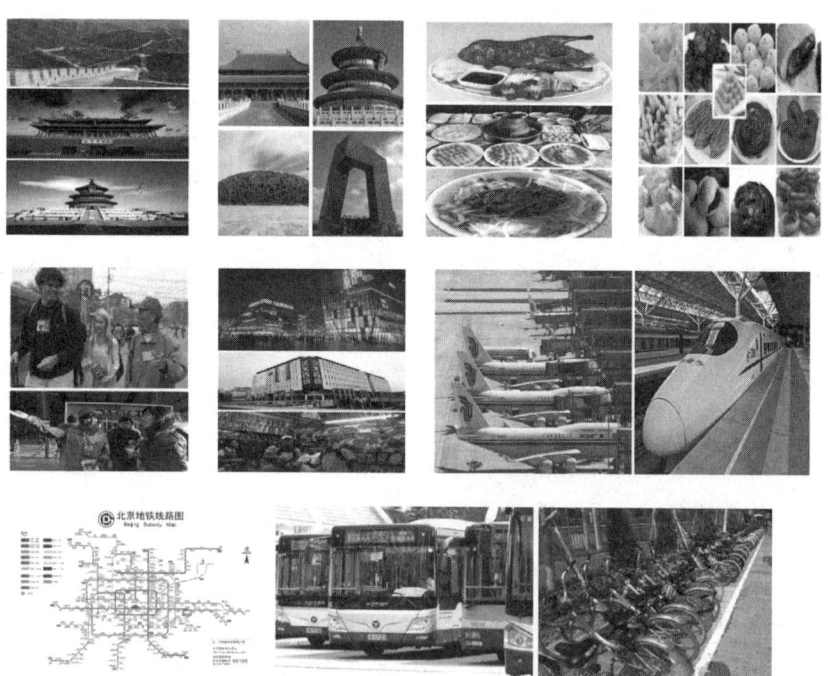

图5-15 与北京相关的图片

教师呈现了下面三句示范性描述：①Have you ever enjoyed Beijing Opera? Beijing is a perfect place to experience it. ②One great thing about Beijing is that you can enjoy Beijing Opera here. ③ If you like traditional Chinese opera, Beijing is a paradise for you.

学生先与同伴一起练习描述，然后在全班进行分享。有几位学生的当堂写作分享如下：①Now it is convenient to travel in Beijing. ②If you want to see the Great Wall and have a wonderful holiday, come to Bejing. ③ There are many kinds of delicious food in Beijing, but there is some food you shouldn't miss. Bejing roast duck is one of them.

【活动7】撰写旅游推荐书

教师布置写作任务，提出如下写作要求：网站TripAdvisor收集了来自世界各地的旅游推荐文章，为了评选出十佳旅游胜地，请将你的文章上传至TripAdvisor网站（见图5-16）。

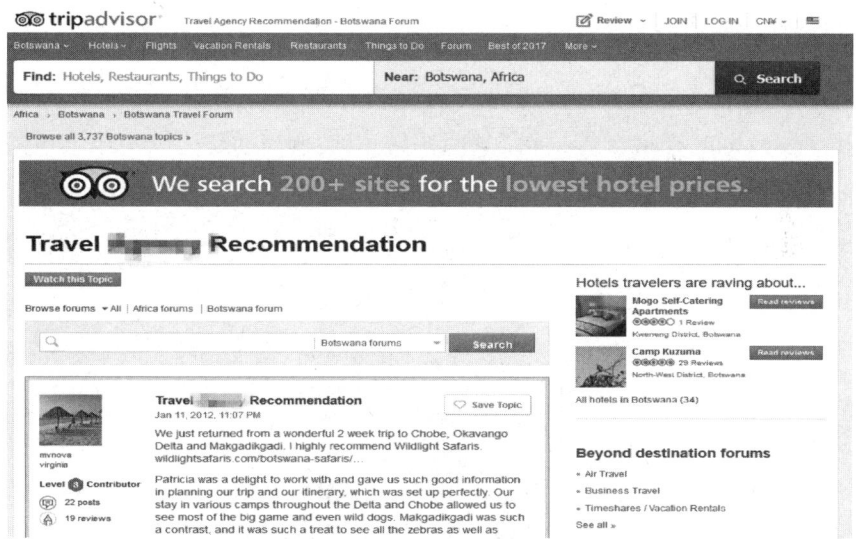

图5-16　TripAdvisor网站

接下来，教师给学生呈现旅游推荐书的评价标准，并带领学生一起理解评价标准。

项目	你的评价			评价人
Is it attractive?	☆ ☆ ☆ ☆ ☆			
Clear structure	Yes:	No:		
Feature(s) & Topics	Related:	So-so:	Unrelated:	
Expressions used	Excellent(≥6):	Good(3~5):	So-so:	
Handwriting	Excellent:	Good:	So-so:	

【活动8】撰写、评价旅游推荐书

学生明确标准后,自己独立撰写旅游推荐书。然后依据评价标准赏析、评价其他同学的旅游推荐书。最后选举出写得最好的学生为大家分享他的旅游推荐书。

【活动9】布置作业:完善自己的旅游推荐书

3. 教学效果评价

本节课是读后写作课,根据八年级学生的认知特点、学习发展的需要和课程目标的要求,着重提高学生用英语做事情的能力,突出学生的主体地位,让学生在教师的指导下构建知识,提高技能,使用学习策略,活跃思维,展示个性,拓宽视野。因此本节课基于前一节阅读课,设计了从input到intake,再到output强化学生英语学习的过程。

① 学生在教师的指导下模仿运用阅读课所读文章的篇章结构和语言特点。在第一节的泛读课中,学生阅读了关于中国香港、泰国和新加坡的介绍文章,在写作中借鉴了这三篇文章的结构特点,从不同方面条理清晰地介绍了自己要推荐的地方。如图5-17所示,学生的习作文章虽然短小,但是很有条理地从爬武夷山和看海这两方面写了到福建度假的旅游特色。

② 学生有意识地运用第二人称的形式进行写作,拉近了推荐文章与读者之间的距离,让人倍感亲切。另外,学生还学会了使用本节课的重点词汇,如图5-18所示,学生的习作中使用了阅读文章中full of, a paradise for, is thought to be等短语和句式。

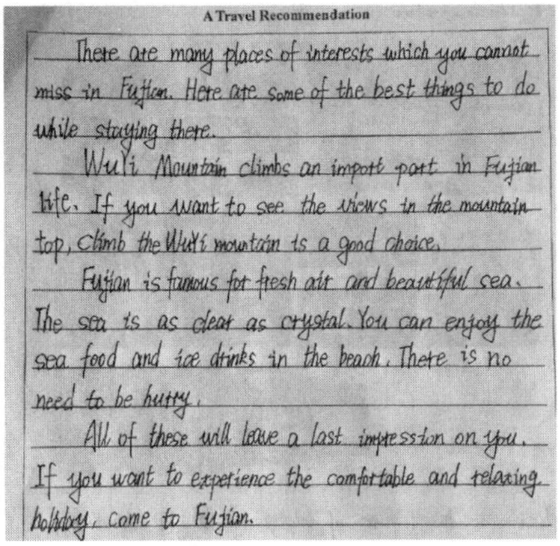

A Travel Recommendation

There are many places of interests which you cannot miss in Fujian. Here are some of the best things to do while staying there.

WuYi Mountain climbs an import part in Fujian life. If you want to see the views in the mountain top, climb the WuYi mountain is a good choice.

Fujian is famous for fresh air and beautiful sea. The sea is as clear as crystal. You can enjoy the sea food and ice drinks in the beach. There is no need to be hurry.

All of these will leave a last impression on you. If you want to experience the comfortable and relaxing holiday, come to Fujian.

图5-17　旅游推荐书 1

A Travel Recommendation If your answer is "Yes",

Are you looking for a colorful holiday? "The Oriental Pearl", Shanghai is a good choice for you.

Shanghai is a modern city full of charm. It's famous for its a variety of places of interests. If you want to experience breath-taking night views, don't miss the Bund. You can wander around Huangpu River, watching dazzling lights of buildings. Shanghai Disneyland is also amazing. It will bring you into a magical world and make your dream come true.

If you like shopping, Nanjing Road is a paradise for you. From small shops to modern shopping malls, everything is here for you.

You can't miss food there as well. Nanxiang Dumplings is thought to be one of the most delicious snacks in China. You'll rember the wonderful taste for the rest of your life.

What are you waiting for? Come to Shanghai!

图5-18　旅游推荐书 2

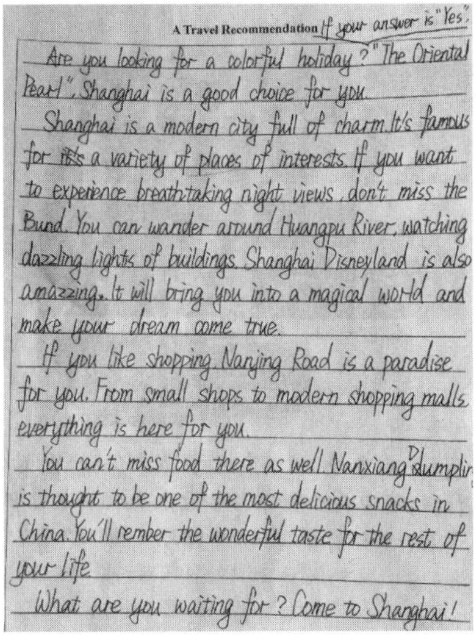

③ 学生在教师提供的范文示范下，进行了细节仿写。从图5-19的学生习作中可以看出，虽然这个学生的写作水平很一般，但是能清晰地看出他在教师的引导下进行了模仿性写作。例如，Once you are there，you will fall in love with the sunlit blue sea. The beach is as white as clouds and the sea is as clear as crystal. 明显来自阅读课中的文章，学生将它们分散在了不同的段落，用来支撑不同的主旨句，这说明学生理解了细节描写是要为突出主题思想服务的。但是需要注意的是，在仿写时不应机械照搬。

A Travel Recommendation

In China, Hainan is a wonderful and safe place to take a holiday.

Hainan is an island. It has the most beautiful beaches in China. The air are very clean there. Once you are there, you will fall in love with the sunlit blue sea.

If you want to eat fruits, mango is a good choice. Hainan has a lot of fruits, such as pineapples, coco nutes and bananas

If you want to enjoy sunshine on the beach, San Sha is a good place. It has the best beaches in Hainan. The beach is as white as clouds and the sea is as clear as crystal.

If you want to spend holidays, come to Hainan!

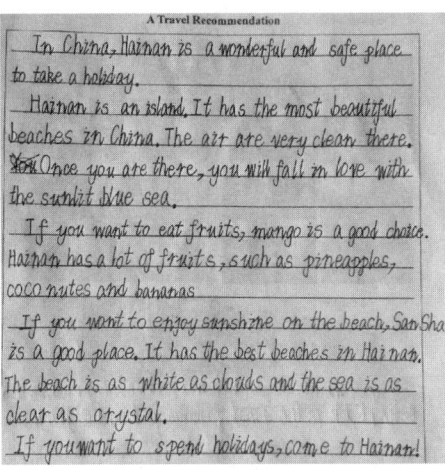

图5-19　旅游推荐书 3

④ 评价标准先行，为学生的写作指明了方向。教师在给学生布置写旅游推荐书的同时，提出了评价标准，让学生的写作有的放矢。从学生的习作来看，在呈现写作任务的同时呈现评价标准（整体吸引人、结构清晰、抓住推荐地的特点、使用新学习的语句、注重书写）有效，能够充分引导学生按照标准进行写作。学生虽然在平常的写作中有畏难情绪，但在本节课中，从读到写、由易到难，最终模仿性地写出了自己的旅游推荐书，增强了写作的信心。

第六章　初中英语主题阅读与听说教学相结合

美国应用语言学家Krashen在对著名的第二语言习得（SLA）理论进行研究以后，于20世纪70年代末提出了"可理解性输入学说"（Comprehensible Input Hypothesis）（以下简称"输入学说"），旨在回答人们是如何习得语言的。他认为语言习得的必要条件是习得者理解稍高于他现有水平的语言输入，即假设习得者的现有水平为"i"，能促进他习得的就是"i+1"的输入。

根据Krashen的可理解性输入学说，语言输入应该具备以下特点：第一，可理解性。学生接触到的语言输入信息必须是可以理解的，否则，期待学生能从语言输入中理解信息或受教育实属徒劳。第二，趣味性。兴趣是最好的老师，如果学生对输入的内容有兴趣，学生就会把注意力放在意义上，而注意不到自己是在进行语言学习。因此，如何让学生对所要学习的内容感兴趣？关键是教师能否确保学生的语言输入比较接近无意识学习状态，从而使得语言学习接近语言习得状态，并真正学会使用语言。第三，足够的输入量。有足够的可理解性的语言输入，学生的i+1便可自然完成，而不需要将语言当作知识来学。

除以上特点外，Krashen还做了两点补充：一是要激发学生的兴趣，使其情感过滤网过滤能力最弱，而不是处于防御状态；二是帮助学生从课外获得更多的输入，补充课堂内的教学输入。

加拿大语言学家Swain在Krashen的语言习得理论上做了进一步的研究，创立了"可理解性输出学说"（Comprehensible Output Hypothesis）。她认为，语言输入是语言习得的重要因素之一，但只有语言输入还不够，大量的可理解性语言输出是可理解性输入内化的催化剂，对语言习得来说同样必不可少。

另外，《普通高中英语课程标准（2017年版）》也提倡增加多模态语篇的输入。说到多模态语篇的输入就要提到"多模态话语"，多模态话语是包括文字、图像、声音和颜色等，运用听觉、视觉、触觉等多种感觉进行交际的多元渠道和媒介，文字和其他符号资源共同存在，一起构建意义。因此，多模态教学理念主张借助多种渠道和教学手段调动学习者的感观，协同参与语言学习过程，进而培养学习者的多元能力和技能。

语言学家在进行多模态话语分析时，不仅要研究每个模态本身对话语意义的产生有何作用，而且要研究所涉及的所有模态之间是如何互动，从而使语篇获得更多的意义的。正确解读多模态话语的意义方法之一是要弄清文字和图像之间的关系，图像和文字说明是有联系的，但并不依赖文字说明，因为它本身既是有组织的，又是有结构的。这就要求我们对两者的互补作用进行深入的研究。

第一节 主题阅读与视、听融合的教学

本案例是基于笔者指导的中国人民大学附属中学分校段海燕老师开展的一节区级研究课整理而成的，部分活动略有改动，它是基于八年级英语"沟通"话题单元的一节视、听与主题阅读相结合的课，凸显使用多模态语篇，增加语言输入的多样性。教学过程中围绕着"与父母的沟通与交流"次主题构建语言意义。在意义构建的过程中所使用的语言输入方式多样，包含视频输入、听力输入和阅读输入。

一、教学目标

在本节课结束时，学生将能够：
① 打开思路用英语表达自己和父母相处的烦恼。
② 正确认识与父母相处中存在的烦恼。
③ 学会主动解决与父母相处的烦恼。

二、教学过程

【活动1】观看视频片段，针对视频的主要内容谈感受

学生观看视频，理解其主要内容。视频是说唱歌曲 *Parents just don't understand us*，展现了几个年轻人用说唱的方式表达父母对自己的各种不

理解。歌曲节奏感强，画面生动、鲜活，引发了学生的强烈共鸣。观看后，教师请学生谈论感受。大部分学生非常认同视频中说唱的内容，正如歌名所说，父母确实不理解他们，彼此之间经常有一些矛盾冲突。只有少部分学生表示自己与父母在沟通上没有任何问题。

【活动2】观看图片，谈论图片内容

教师出示图片，学生谈论图片内容。有的图片显示父母在责备孩子们；有的图片则显示孩子们在做家务、玩游戏等方面与父母发生了矛盾，导致他们与父母之间的关系紧张；还有图片显示孩子因为留怪异的发型等与父母产生分歧和矛盾。

接下来，教师请学生谈论他们与父母交往的麻烦。有的学生说自己与父母的矛盾主要在学习上，自己永远达不到父母在高期待的状态下订立的目标；有的学生与父母的矛盾是在于学习和爱好的时间分配不均衡上。

【活动3】Nancy的烦恼

学生听两遍关于Nancy的烦恼的录音。听第一遍录音时，学生获取关于Nancy的烦恼的信息，记录到表格中，完成第1小题。听第二遍录音时，获取关于Nancy困倦的原因和她解决烦恼的方式的信息，完成第2、3小题。

1. What trouble does Nancy have?

Last night	Nancy studied _____ _____. So, she didn't get _____ _____.
Today	She looks really _____. But, she will have two _____ _____ today. So, she can only start studying _____ _____.
Tonight	She still can't go to sleep earlier.

2. Why is Nancy so tired and lacking sleep?

A. Because she has too much homework.

B. Because she wants to have more after-school classes.

C. Because her parents make her take more after-school classes.

3. How will Nancy get her trouble over?

Nancy will try to _____ to her parents again and _____ to them that she needs to get enough sleep to _____ _____.

答案：1. until midnight；enough sleep；tired；after-school, classes；after, dinner 2. C 3. talk；explain；stay healthy

【活动4】听录音，获取Nancy如何说服其父母，减少她的课外班数量的信息

教师首先请学生猜测Nancy是如何与父母沟通的，以及沟通的结果。大部分学生猜测Nancy没能说服父母。但是，教师告诉学生Nancy通过给父母写信成功地说服父母减少了她的课外班数量。

学生听Nancy的信的录音，并补全信中所缺的内容。

Nancy's Letter to Her Parents

Dear Mom and Dad,

 I'm writing to you to discuss with you about my after-school classes.

 First of all, I want to state that I fully _____ you. You _____ me to get into a good senior high school, so you want me to learn more and better. And you have _____ much money to those after-school classes. I really _____ all you did for me.

 However, these after-school classes actually _____ me much trouble. I often can't get enough sleep and feel really _____ and therefore I can't _____ in class. Also, I am too _____ with these classes to do well in my homework so that my grades improve greatly.

 So I sincerely _____ you to stop my after-school classes or I can have some of them on weekends. I _____ I can listen more attentively and learn better if I can sleep well at night. I _____ I will try my best to work hard.

                           Nancy

听完后，全班一起校对答案，并澄清一些有难度的词汇的含义。答案如下：understand, expect, devoted, appreciate, bring, tired, concentrate, busy, request, believe, promise。

【活动5】学生朗读Nancy写给父母的信，并思考自己从Nancy身上获得的启示，总结Nancy说服其父母的原因

学生朗读完Nancy的信后，先与同伴交流自己的想法，然后在全班进行分享。教师板书记录大家的想法。学生总结出Nancy成功说服其父母的原因一共有三个：第一，理解父母的苦心并报以感谢；第二，真诚、礼貌地提出自己的想法；第三，通过许诺自己会更好地管理时间来让父母放心。

【活动6】阅读一篇关于如何改进与父母之间的关系的文章，完成阅读任务

Read the following Passage and put the sentences in the right blanks.

A. appreciate what they can offer in their capacity

B. think about how you can be a better child to them

C. give them the presents they like

D. trouble is natural and we can see it as a journey

How to Improve Your Relationship with Parents

Nowadays, many teenagers have some trouble in getting on with their parents. Here is some advice which may help you out.

First of all, you should know that_____. Whatever trouble you're facing with your parents today, I'd like to let you know that you're not alone in the problem. Just as the song says, "Parents just don't understand us." When I was a child, my parents asked me to do this and that, or not to do this or that. I couldn't keep my hair long, so during middle school, I kept my hair short until I left high school. Even, I wasn't allowed to make friends with boys. If I made friends with them, I would be asked many questions. When I refused to do what they wanted me to do, they would say it was my duty to follow their advice just because I was still young. So you see, since long ago, parents have been like this. Why do you feel that annoyed（气恼）with your relationship with parents? Just accept the fact.

Of course, **it is important to**_____. A lot of times we get frustrated with our parents at all the things they don't do or can't do. For example, we may be frustrated（沮丧）at how they are so traditional. We may be frustrated at their resistance（抵抗）to everything we want to try. We may be frustrated at how slow they are with new things. But, don't forget about what they have done for you. They may devote much money just in order to provide you good education. They may take on all the chores so that you can spend enough time on homework. So on, so forth.

Last but not least, _____. A lot of times we pinpoint（准确地指出）faults in our parents, wondering why they can't be smarter, richer, more open-minded, less stubborn（固执）, more positive, less talkative, quieter, more supportive, etc. Instead of that, try a different tack-think about how you can be a better child to them. So, how will you be a better child to your parents?

学生独立阅读，补全文段中所缺的句子。答案如下：D，A，B。

【活动7】再读文章，获取段落主旨和细节，并联系自身实际反思自己与父母沟通和交流的情况

首先，学生阅读第一部分（第1~2段），概括主旨句，获取支撑细节。学生找到第一部分的主旨句：Trouble is natural and we can see it as a journey. 学生找出相应的支撑细节时，教师呈现表述这些细节的关键句和关键词，具体如下：

ask sb. to... / ask sb. not to...	natural
be not allowed to ...	journey
annoyed / not understand	accept

在分享中，有学生陈述自己不喜欢被父母指使倒垃圾，还有学生不喜欢父母提醒自己增减衣物，等等。为了帮助学生更好地了解和反思自己与父母的交往情况，教师在请学生与同伴分享自己与父母交往中的烦恼的同

时，提示学生可以参考使用上面总结的关键句和关键词。

接着，教师引导学生就第二部分（第3段）中与父母交往的原则"Appreciate what they can offer in their capacity"进行讨论。讨论的问题框架如下：

① Are your parents too traditional, resistant, or slow?

② What kind of things make you frustrated with your parents?

③ What kind of things do you appreciate your parents for?

学生的讨论非常热烈。有学生陈述自己有很多爱好，有些爱好还很费钱，自己的学业也受到了影响，因此与父母产生了不小的冲突。还有学生说父母以前花钱为自己报了很多兴趣培训班，后来自己放弃了很多，但是父母并没有责怪自己，现在想想，觉得自己曾经和父母投入了很多精力，不该轻易放弃。

最后，学生讨论文章第三部分（第4段）的主旨：Think about how you can be a better child to them，并与同伴联系自身实际讨论如下问题：

① Do you often pinpoint your parents' faults. ?

② What do you think of your parents? Do you wish them to be smarter, richer, more positive, less talkative, quieter, more supportive, etc. ?

③ What do you expect yourself to do in the future?

在分享时，有学生说自己最不能容忍父母不尊重自己的隐私，因为父母经常找各种借口进入自己的房间，有的借口荒唐之极，令自己难以忍受。他想到的解决办法就是保持自己的房间简洁，不放任何多余的东西，免得父母视察后，提出各种问题。还有学生说自己比较能理解父母，觉得和父母之间就是一种缘分，父母无须改变什么。

【活动8】温馨时刻分享

学生欣赏自己与父母在一起的温馨照片和视频，回忆自己与父母一起度过的美好时光。

【活动9】板书设计

Why Don't You Talk to Your Parents?
Understanding

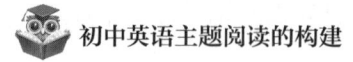

        Being sincere

        Convincing

【活动10】布置作业

师生一起在微信群中分享各自与父母交往的故事。

三、教学效果评价

从课堂观察和学生的输出内容来看，学生对本节课的内容非常感兴趣。教师的活动设计激发了学生对"与父母的沟通与交流"的话题的兴趣和深入思考。学生阅读后根据教师的提示问题进行了小组讨论，达到了彼此坦诚交流的效果；学生直接表达了自己与父母交往中的问题，也在教师的点拨中进行了反思；通过倾听同伴的分享，学生意识到解决与父母之间的矛盾不能只靠抱怨，应该真诚交流，从而更多地理解父母的苦心，减少争执。

第二节 主题阅读促进听说能力发展

  在单元整合教学中，可以先进行主题阅读，增加足够的可理解性输入，然后再进行听说能力和写作能力的培养。本单元主题为"多运动、健康饮食和广交友有益于健康"，共包含四个课时：两节主题阅读课，一节听说课和一节写作课。每个课时的具体内容和各课时之间的关系见表6-1。鉴于本章主要聚焦主题阅读与听说教学相结合，四个课时的设计中第二课时的主题阅读内容与听说教学密切相关，所以第一课时的阅读课只提供阅读文本，写作本节内容与第二课时合并呈现，同时，第四课时的写作课的具体教学内容和设计仅与单元主题相关，就不再呈现具体教学内容。其中听说课案例是笔者基于指导北京市八一学校张玥老师开展的一节九年级英语区级听说研究课整理而成的。

表6-1 九年级英语"健康"单元

单元主题	课时	语言实践方式	教学素材内容	关系
多运动、健康饮食和广交友有益于健康	第一课时	阅读为主	户外运动有益于健康的阅读材料	提升阅读能力，为听说课和写作课做铺垫；指向主题意义构建
	第二课时	阅读为主	1. 快餐的坏处，建议自己在家做饭的阅读材料 2. 介绍四种不良饮食习惯的阅读材料	提升阅读能力，为听说课和写作课做铺垫；指向主题意义构建
	第三课时	听说为主	1. 关于健康习惯的听力录音 2. 关于饮食、运动、交友与健康的听力录音	提升听说能力，与阅读课互补，为写作课做铺垫；指向主题意义构建
	第四课时	写作为主	关于健康习惯养成的书面表达	内化阅读、听说输入内容；提升写作能力；指向主题意义构建

第一、二课时 阅读课

第一课时的主题阅读课聚焦的主题是"运动与健康"，教师引导学生阅读一篇关于"运动与健康"的文章Passage 1，构建"适当的户外运动有益于身体保持健康"的主题意义，具体教学设计略。

第二课时的主题阅读课聚焦的主题是"饮食与健康"，教师引导学生阅读两篇关于"饮食与健康"的文章Passage 2和Passage 3，并采用了精读和泛读相结合的方式，构建"健康的饮食习惯会促进健康，不好的饮食习惯会损坏健康"的主题意义。

一、教学文本

Passage 1

Today, young people spend about six hours a day in front of a TV or a computer and less than four minutes playing outdoors. It is not healthy for the mind and the body when time spent using technology replaces outdoor time.

Some health experts（专家）call green time "vitamin G". Kids who don't get outdoors much are likely to have trouble in school. Doctors believe that it is because being outdoors excites the mind more than sitting around indoors. Even those who usually spend a lot of time outdoors notice a difference when they don't get green time. Madelyne P., 14, says, "I feel more tired when I don't get outdoors."

Researchers believe the positive（积极的）effects of green time come from the physical activity in pastimes such as hiking or boating. Exercise produces brain chemicals that improve learning, mood, and sleep. It also improves learning by increasing connections between nerve cells that are important in learning and memory. Some schools hold classes outside for those reasons. Student Hannah Smith, 18, says she believes the outdoors helps her focus and gets her to learn. Learning in a forest sparked her interest in art and photography, too.

Even doctors are helping give their patients a dose of vitamin G. Miller writes "park prescriptions（处方）" for her patients because, she says, "being outdoors is good for health." She finds that when she gives patients park prescriptions, they are likely to continue with them.

Getting outdoors can be simple, just like calling together your family for a picnic lunch. All it takes is five minutes or more of green time. Get outside, and get your vitamin G!

1. Do young people today spend more time in front of a TV than playing outdoors?

_____

2. What do some health experts call green time?

_____

3. Where do the positive effects of green time come from?

_____

4. Why does Miller write "park prescriptions" for her patients?

_____

5. What's the Passage mainly about?

_____

Passage 2

You're driving home from work. You're tired, and the thought of shopping for food and cooking dinner makes you even more tired. Suddenly you see a brightly lit sign:"Hamburgers! Fries! Shakes!" Your hands are holding the wheel. Which way are you going to turn?

If you turn toward the hamburgers, you'll find much of what you're looking for. You won't have to do any shopping, and you won't have to do any cooking. Not only that, but you won't even have to clean up after you've eaten.

Of course, the fast food will be about three times as expensive as food you buy in a store and maybe half as nutritious(有营养的)as food you cook at home. That's because you've got to pay for someone else to buy the food and cook it, and for those unpleasant containers that save on cleanup. Fast food is also less nutritious because the meals are not as balanced(均衡的)as those you can prepare at home. Fat content and calories(热量)are high, and the meals don't have enough fresh fruits and vegetables. Fast-food restaurant owners, who always care about money, also may cut corners on quality of foods.

Worst of all, those hamburgers will be the same old hamburgers as you've had a million times before. With home cooking, you can eat anything you want, not just what you can find in fast-food restaurants.

The choice is yours, of course. However, if you want to be healthy, try cooking at home.

1. When you think of _____, you feel even more tired after work.

   A. eating the fast food

   B. preparing the fast food

C. shopping and cooking dinner

D. turning toward the hamburgers

2. The fast food will be about three times as expensive as _____.

A. the food in a store

B. fresh fruits and vegetables

C. the food you cook at home

D. the food in other restaurants

3. What does the writer try to tell us?

A. She advises us to eat more fast food.

B. She tells us how to choose fast food.

C. She encourages us to cook dinner at home.

D. She tells us where to have dinner when we are tired.

4. What's the best title of the Passage?

A. You are what you eat!

B. You eat what you need!

C. Fast, delicious and convenient!

D. Cheap, nutritiously-unbalanced and fresh!

Passage 3

Have you heard the expression "You are what you eat"? Well, do you like who you are? If not, break some bad eating habits and feel better about yourself.

Bad habit 1:

Many people often eat packaged (in small bags) foods at their work places, such as frozen dumplings, rice rolls and instant noodles (方便面), which have lots of fat and calories (热量).

The solution (解决办法): Read the instructions to find the healthiest foods that are low in salt and high in fiber (纤维). Also check to make sure they have ingredients (混合物) such as vegetables and grains (粮食). When possible, use packaged foods as part of a "home-cooked" meal. For example, frozen dumplings with fresh vegetables are better than dumplings alone.

Bad habit 2:

People without breakfast don't have enough energy they need to get through the morning. Eating breakfast improves your attention, memory and feelings.

The solution: Always keep a kind of quick foods like yogurt（酸奶）. Or have a standing order at a breakfast place.

Bad habit 3:

It takes your body at least 20 minutes to "tell" your brain that you are full, so fast eaters usually eat more than people who eat slowly.

The solution: Try to slow down. Try eating at least some of your meals without TV, hand phones or computers. Use a plate or bowl when you eat.

Bad habit 4:

Healthy snacks（小吃）between meals are fine. But when you snack instead of having real meals, you will not eat your meals regularly. And snack foods such as chips and sweets aren't very healthy. That makes it easy to overeat.

The solution: To get more energy, allow yourself two healthy snacks a day. Choose snacks that will make you feel full. Try fruit, yogurt or nuts.

As we all know, bad habits can be broken. Take the first step toward a healthier eating habit — start following these tips today!

1. Is the Passage about eating habits?

_____

2. What are the healthiest packaged foods?

_____

3. How long does it take your body to tell your brain that you are full?

_____

4. How can you eat snacks healthily?

_____

5. What are the bad eating habits mentioned in the Passage?

_____

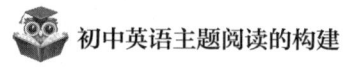

二、文本分析

【What】主题意义和主要内容

本单元的主题是"健康",Passage 2主要讲述了快餐的坏处——快餐不仅价格大概是商店中食物价格的三倍,而且营养价值也比自己在家烹饪的食物的营养价值减少了约一半。文章还详细说明了快餐价格贵和营养价值低的主要原因,并提出建议——自己在家做饭。Passage 3主要讲述了四种不良饮食习惯和解决措施。

【Why】写作意图

作者通过Passage 2说明快餐的弊端和原因,希望人们真正认识到快餐不利于健康,能够克服诱惑,选择自己在家做饭。Passage 3罗列了四种不良的饮食习惯,希望人们能够改掉不良的饮食习惯,养成良好的饮食习惯。

【How】文体结构和修辞语言

Passage 2和Passage 3均符合说明文篇章结构的典型特征——条理清晰,层次分明。

Passage 2为了更好地说服读者放弃快餐,选择在家做饭,采用了第二人称的形式,形象地描述了人们工作之后非常疲惫,一想到还要完成回家做饭、收拾刷洗等一系列家务劳动,就感到更加疲惫,会倾向于选择吃快餐的真实感受。生动的语言描绘了人们在选择吃快餐时的内心徘徊,极具画面感,能引起读者的共鸣。

Passage 3层次分明地介绍了四种不良饮食习惯和解决措施。第一段首先提出一个观点"You are what you eat",然后直接切入正题——如果想要完善自己,就请改掉一些不良饮食习惯,更好地完善自己。文章开头简要地进行介绍后,把大部分篇幅留给了四种不良饮食习惯和解决措施的介绍。结尾也是简洁明了地直接劝诫读者从现在开始,改掉不良的饮食习惯。

三、学情分析

由于本单元针对的是九年级英语的复习阶段,学生对于本单元主题内容的理解在新课阶段时已经有所涉及，已经能够使用基本的话题词汇，如各种食物的名称、食物的基本分类等，还能在语境中理解食物的营养成分，并能快速提取文本信息，简单概括段落和篇章的主旨。但是九年级的英语学习更需要凸显学生梳理篇章框架结构和根据框架结构进行表达的能力。例如，在听、记录信息并口头转述能力的考查中，学生听三遍录音，第一遍要补全框架结构中缺失的关键词，适当记录其他要点和细节。第二遍要继续完善关键词的填写，并记录其他要点和细节。第三遍则需要完善记录的要点和细节，并能根据框架结构口头转述文本。在转述的过程中，不仅要求学生在语言上做到语法使用准确，语音、语调正确，还考查学生根据篇章整体结构适当补充内容要点或添加细节，并且有逻辑地进行口头转述的能力。这就需要学生在听三遍录音的过程中，能快速、清晰地梳理所听文本的框架结构，并用语言准确表达。对学生来说，将所输入的信息快速地进行结构化处理，并准确地表达出来，是个不小的挑战。因此，在本单元的学习过程中，教师有意识地将快速梳理篇章结构，根据框架结构进行表达作为一个提升点，进一步指导学生巩固和提升这一技能，帮助学生形成快速梳理框架结构、有逻辑地进行口头表达的学习策略。

四、教学目标

在本节课学习结束时，学生将能够：
① 概括文章的主要内容。
② 梳理篇章框架结构。
③ 说出文章的语言特点。
④ 根据思维导图转述文章内容。

五、教学过程

【活动1】导入

教师呈现快餐的图片和自己烹饪的食物的图片，请学生根据图片谈论面这对两种食物时，自己一般会选择哪一种食物，并简述理由。

有些学生脱口而出，选择快餐，因为快餐便捷、好吃。于是教师追问：好吃就一定是健康的食物吗？学生沉默不语。教师接着问学生自己烹饪的食物的好处和不足，学生能够想到自己做饭的好处是节俭、低油、低脂等，但是不足之处是费时、费力、不一定好吃。

【活动2】阅读Passage 2，概括篇章主旨

学生独立阅读文本，概括篇章主旨。由于文章篇幅不长，单词也不太难，学生能够基本概括出篇章主旨，即快餐既浪费金钱又没有营养，倡议自己在家做饭。

【活动3】梳理文本，把握结构

教师追问学生，并引导学生再次阅读，梳理作者表达主旨的篇章结构。在学生独立完成梳理后，教师请一位学生在黑板上展示梳理结果，然后全班一起校对，共同完善篇章结构。

学生很容易就能梳理出Passage 2第三段的篇章结构，但是对于其余各段的主旨，以及段落之间的逻辑关系的梳理感到困难。后来，通过全班分享，学生共同梳理出篇章结构（见图6-1）。

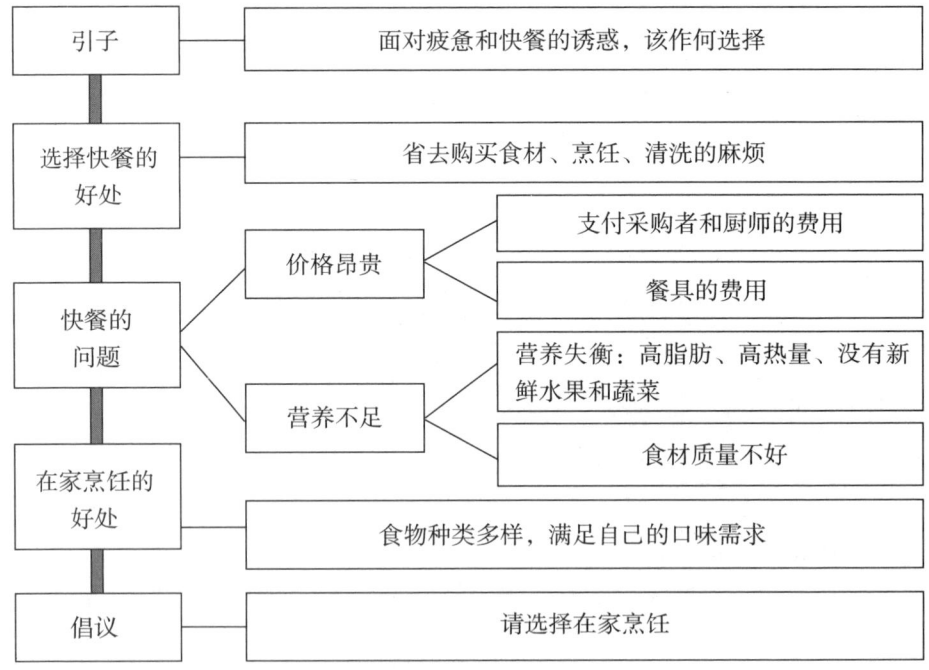

图6-1　Passage 2篇章结构图

【活动4】赏析语言，加深理解

根据语言认知规律，学生首先需要感知语言，其次才是模仿和内化语言，进而运用语言。Passage 2的特点是采用第二人称的形式进行描述，拉近了作者和读者之间的距离。教师需要通过设计，引导学生关注到篇章语言的特点及其作用，然后再让学生在情境中内化和习得知识。

在学生梳理完篇章结构后，教师追问学生：What is the characteristic of the Passage 2 in terms of language? Why?

学生在教师的追问下，再次浏览文本，发现Passage 2使用了第二人称，并采用了生动的描写。例如，第一段中生动再现了人们下班后拖着疲惫的身体回家时，想到自己还要经历采购食材、烹饪、清洗等一系列烦琐的做饭程序，而此时碰到快餐店就真的很难抗拒快餐便捷的诱惑。

在思考作者为什么这样写时，学生纷纷表示这样的描写生动、传神，再现了人们在是否选择快餐时的心理斗争，拉近了与读者之间的距离。读者通过作者生动的描绘，体会到了每个人在面对快餐带给自己的好处时，都面临着相同的纠结，需要用理性战胜诱惑，拒绝快餐，选择自己在家做饭。

【活动5】依据框架，复述内容

在学生理解了文章的结构、语言特点和主要内容后，教师让学生依据框架转述文章的内容，从而内化语言，练习表达。

【活动6】泛读Passage 3，概括主旨

学生快速阅读Passage 3，概括文章主旨，即Four bad habits and solutions to them。

【活动7】泛读Passage 3，获取细节

学生用表格的形式梳理出四种不良的饮食习惯及解决措施。

Bad habits	Solutions

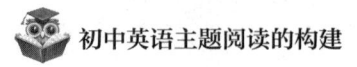

【活动8】联系自身实际，谈论四种不良的饮食习惯

学生两人结对，谈论自己是否具有这四种不良的饮食习惯，以及自己的想法，并提出以后的做法。

【活动9】学生两人结为一个小组，回答问题

学生两人结对，口头回答Passage 3的五个问题。

【活动10】赏析语言，练习内化

学生理解了Passage 3的结构和内容后，教师请学生思考Passage3的语言特点。学生发现Passage 3在不良饮食习惯的解决措施中使用的是祈使句。教师进一步引导学生思考原因，并让学生总结出这类文章的行文方式一般是简洁、明了的，使用祈使句是为了方便读者快速获取信息。

【活动11】复述文章

学生依据活动7中的表格，复述Passage 3的主要内容。

第三课时　听说课

一、教学目标

在本节课结束时，学生将能够：
① 依据评分标准，评估同伴的转述录音，说明原因并给出建议。
② 通过对转述录音的分析，提取并归纳适合自身转述能力的策略。
③ 结合前期主题阅读课中依据思维导图转述的学习经历，学会根据转述文本框架分类、概括信息；学会分析和推断信息的逻辑，准确表述文本要点。

二、教学重点

学生能够提取并归纳适合自身转述能力的策略。

三、教学难点

学生通过讨论，根据转述文本框架并结合自身学习经历，学会分类、概括信息；学会分析和推断信息的逻辑，准确表述文本要点。

四、重难点突破

学生依据评分标准，通过小组讨论，分析三个转述录音，找出录音的问题，由此总结出转述策略；结合前期主题阅读课中依据思维导图转述的学习经历，通过实战演练，突破难点。

五、教学过程

整节课的课堂教学流程见图6-2。

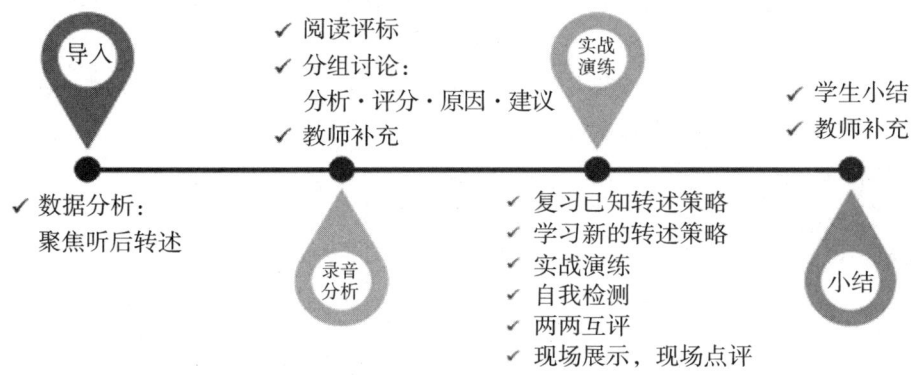

图6-2　课堂教学流程图

【活动1】口语测验数据反思

教师向学生呈现全班学生在刚刚进行的口语测验中各板块得分率的数据（见图6-3），学生在教师的引导下反思口语测验的整体情况。

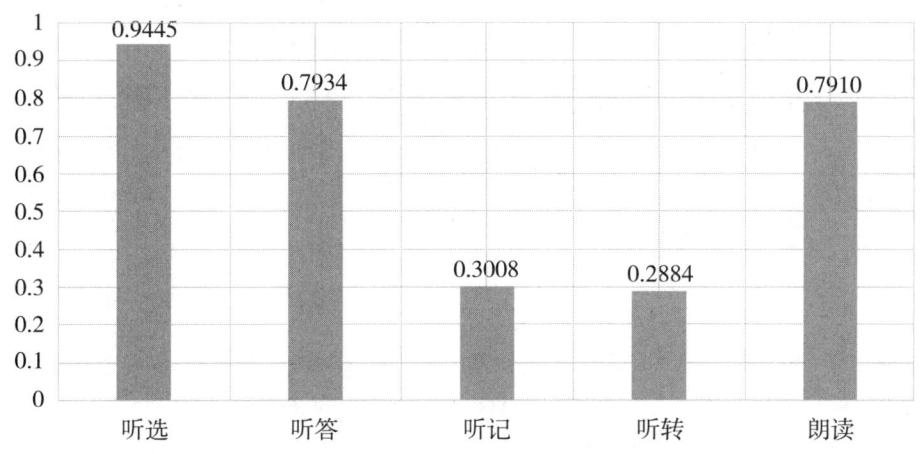

图6-3　学生听说得分率数据统计图

学生从数据统计图中看出，全班同学在听后选择上能力最强，得分率为0.9445；其次为听后回答问题和朗读短文，得分率分别为0.7934和0.7910；最弱的能力为听中记录信息和听后转述，得分率只有0.3008和0.2884。

教师点出本节课的主题：如何进一步提升学生听中记录信息和听后转述的能力。

【活动2】典型听读样例分析

教师分别播放三段典型的转述录音，请学生四人为一组，对照下面的转述分项式评分标准（见表6-2）进行讨论分析，给出描述性反馈。

表6-2　转述分项式评分标准

维度		评分标准
内容（权重60%）	5分	要点完整，内容充实
	3～4分	要点完整，内容基本充实
	1～2分	只转述了少量相关内容
	0分	转述内容与题目要求完全无关
语言运用（准确性、连贯性、流利度）（权重40%）	5分	有个别语法及语音、语调错误；有较好的连贯性和流利度
	3～4分	有少量语法及语音、语调错误，不影响理解；有一定的连贯性和流利度
	1～2分	有多处语法及语音、语调错误，但基本不影响理解；连贯性差，表达不够流畅
	0分	语言错误较多，表现出较严重的发音困难，表达支离破碎，无法理解

学生小组充分讨论，给出每个录音的描述性反馈和分数，然后全班共享。最后，教师给出机器评出的分值。学生把自己小组评出的分数和机器评分进行比对，更好地理解评分标准。

【活动3】巩固实践

学生再听一遍下面的录音，根据表格6-3，记录关键信息，进行听后转述练习。

We did a survey at school today. It was about health habits. All the 34 students in our class finished the survey. We have some good habits, although we have a few bad habits, too.

Most of us don't waste water and eat healthy food, such as the carrots and fish. But some of us have a few bad habits. They don't exercise very often. And they sometimes eat junk food like hamburgers and fries. We need to help each other to stop the habits and improve health. A healthy living is very important for us.

表6-3 记录信息和转述框架

Class Survey				
Students number: _1_				
Good habits		Bad habits		
Don't waste water.	Eat healthy _2_.	Don't _3_ very often.		Eat junk food such as _4_ and fries.
We need to _5_ each other.				

由于学生在上一次的听说练习中，已经进行了听中记录信息和听后转述，加上这次又让学生根据教师提供的录音和评分标准进行了详细的分析和比对，相信学生心中已经明确了听后转述的评分标准。再进行转述练习时，学生能够对照标准，添加相关要点和细节，使得转述要点完整、内容充实。另外，学生也充分考虑了样例中语音、语调和语言准确度对最终的转述分数带来的影响，能够做到转述中语言准确，语音、语调清晰连贯。

【活动4】听中记录信息和听后转述策略提升

教师引导学生反思和完善听中记录信息和听后转述的策略——要在听力中充分利用所给的有效时间，有效记录关键信息和细节，为转述争取时间。具体策略如下：

第一，利用听中记录信息和转述的中文指令时间，快速浏览所给的语言框架，并将所给的框架信息记录到草稿纸上，并留足间隙，方便后面再继续添加要点和细节。

第二，听第一遍听力录音时，对照草稿纸上的框架信息，记录要填写的五个词。在不影响理解的情况下，可以适当记录其他要点和细节，记录

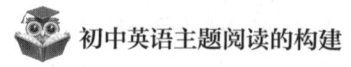

文段的结尾句。

第三，听第二遍录音时，继续完善要记录的五个词的填写，记录其他要点和细节。

第四，第二遍录音播放结束后，将五个词的拼写输入电脑，并校对。确认无误后，提交。如果此时还有时间，也可以继续完善要点和细节。

第五，听第三遍录音时，完善记录的要点和细节，并注意倾听语句中时态的运用和连系词的使用。

第六，在第三遍录音播放结束后到正式口头转述前的时间里，快速口头转述一遍。

第七，在转述开始后，集中精力对照草稿纸上记录的转述框架进行转述。如果出现小错误，及时进行纠正即可。确认无误后，点击提交。

【活动5】实践

学生听下面的语篇录音，根据表格6-4记录关键信息，进行听后转述。

What is the most important thing in the world? I think it is health. In order to eat healthily, I usually avoid eating food high in fat, like French fries or cookies. I also eat little meat. I eat a lot of vegetables and fresh fruit which are full of vitamins. Taking exercise every day helps us build a strong body. Regular exercise is an important part of keeping me healthy. What's more, I think friends are an important part of one's health. I always feel better when I am with friends than when I am alone. When I am with my friends, I always laugh. Laughing is also an important part of health. I like to laugh with my friends.

表6-4 记录信息和转述框架

	Health
Eating __1__	avoid eating food high in __2__ eat little meat eat a lot of vegetables and __3__ fruit
Taking exercise regularly（定期地）	help us __4__ a strong body
Being with friends	feel better when being with friends than __5__ always laugh

174

学生严格按照活动4中所总结的听力策略听录音，记录关键信息，草拟转述框架。完成后，反思自己听力策略的使用和需要改进的地方，然后与同伴进行交流，互相取长补短。

【活动6】布置作业

① Listen to their own retelling on the website and write down their problems.

② Collect the good sentences about the topic "Food and Health" from the reading of this unit.

③ Prepare for the writing of the unit: Food and health.

四、板书设计

How to improve your retelling skills

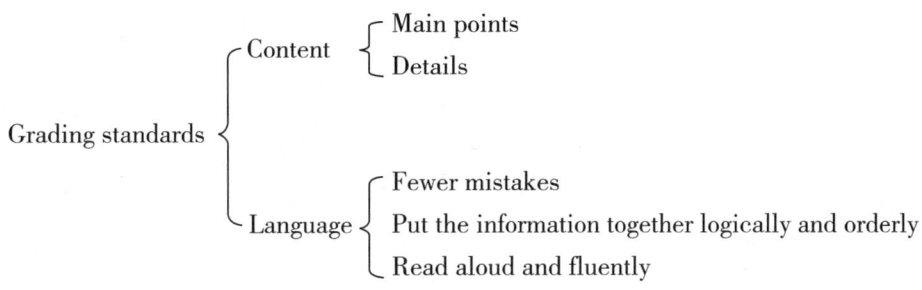

第七章　初中英语主题阅读与文化意识的形成

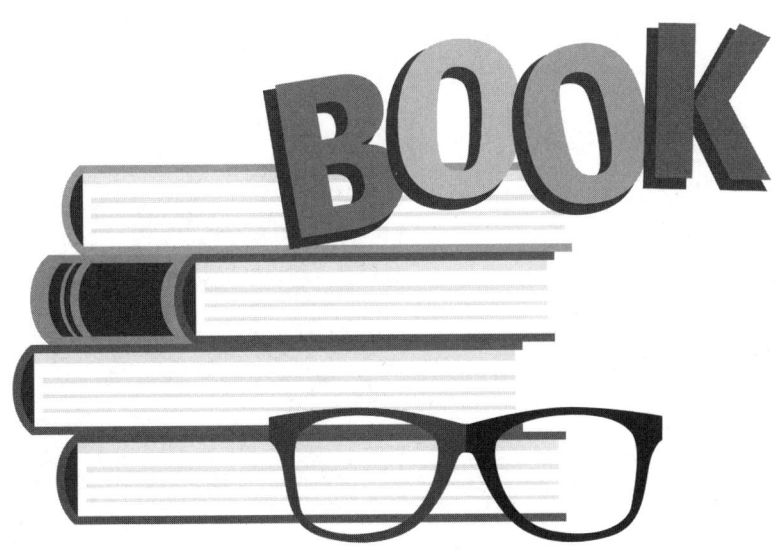

第七章　初中英语主题阅读与文化意识的形成

外语教学中的文化分为两类："①以语言为载体的文化；②不以语言为载体的文化。前者指用语言传播的各种政治、历史、军事、文化、科技知识、传统、信念等，后者指不需要语言为中介的文化，例如，建筑、图画、音乐、服饰、食品等。与外语教学关系更为密切的是以语言为载体的文化。"[①]本章所说的主题阅读与文化意识的形成，指的是阅读在以语言为载体的文化中形成的文化意识。

《普通高中英语课程标准（2017年版）》中指出："文化意识指对中外文化的理解和对优秀文化的认同，是学生在全球化背景下表现出的跨文化认知、态度和行为取向。文化意识体现英语学科核心素养的价值取向。文化意识的培育有助于学生增强国家认同和家国情怀，坚定文化自信，树立人类命运共同体意识，学会做人做事，成长为有文明素养和社会责任感的人。"另外，文化意识的目标是获得文化知识，理解文化内涵，比较文化异同，汲取文化精华，形成正确的价值观，坚定文化自信，形成自尊、自信、自强的良好品格，具备一定的跨文化沟通和传播中华文化的能力。

"外语学习者已经拥有丰富的母语语言知识和以母语为中介形成的对现实主客观世界的体验、理解和概念化的知识。"[②]因此，外语学习者需要有意识地学习语言文化，以便克服外语学习环境带来的不利因素的影响。

在文化意识的形成过程中，学习者需要阅读传播本国文化和外国文化的语篇，了解不同文化的起源、发展和习俗，对比其异同，加深对这些文化的理解。同时，在情境中模拟表达对不同文化的理解，并在跨文化交际中得体表现，真正形成跨文化能力。为了帮助学习者真正具备跨文化交际能力，教师需要为学习者补充介绍本国文化和外国文化的优秀语篇，帮助学生通过阅读和读后的实践活动，积累文化知识、理解文化内涵，坚定文化自信，形成正确的价值判断。

本章两个案例中选用的文章分别聚焦2016年巴西奥运会吉祥物的文化内涵和介绍三种优秀的中国传统手工艺品孔明灯、剪纸、泥塑的起源及其工艺之美。教师只有先有了培养学生文化意识的意识后，才能深入挖掘文

---

① 文秋芳.在英语通用语背景下重新认识语言与文化的关系［J］.外语教学理论与实践，2016（2）.

② 文秋芳.在英语通用语背景下重新认识语言与文化的关系［J］.外语教学理论与实践，2016（2）.

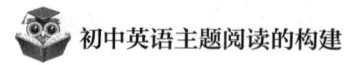

本背后的文化内涵,才能引导学生充分理解语言是文化的窗口,文化要通过语言载体得以传播、传承和发展。

第一节 吉祥物的文化内涵

本节课是基于七年级英语"动物"话题单元的一节主题阅读课。本节内容是笔者基于指导的北京外国语大学附属外国语学校李广智老师开展的一节区级研究课整理而成的。本案例是"动物是人类的朋友,是很多重要活动的吉祥物"次主题的精读课,该单元的完整主题体系请参阅第二章第一节中的表2-1和图2-2。围绕此主题选择的教学内容是一篇介绍2016年里约奥运会和残奥会吉祥物的说明文。

一、教学文本

The Mascots of the Rio Olympic Games

Let's meet the "Cat" and the "Tree"! They are the mascots for the 2016 Olympic and Paralympic Games in Rio de Janerio. The Olympic athletes get a "cat", and the disabled athletes get a "tree". The "cat" is called Vinicius and the "tree" Tom. They are named after Vinicius and Tom, the great musicians of Brazil.

Actually the Olympic mascot is the mixture of cats, monkeys and birds. It is in bright yellow and looks like a cat. The Paralympic mascot has green leaf hair.

The two mascots represent the country's rich cultures and its people. The two mascots stand for Brazil's different animals and plants. The yellow Olympic mascot stands for all of the animals of Brazil, while the blue Paralympic mascot stands for all of the plants in Brazilian forests. The Olympic mascot can stretch its arms and legs as much as it wants when it takes adventures. The Paralympic mascot comes from the Brazil rainforest. It has superpower to change into any kind of plant. It's always growing toward the sun and overcoming difficulties.

The mascots are one of the most important symbols of the Games. People want to use the mascots to make people more interested in the Games, especially the children.

二、文本分析

【What】主题意义和主要内容

这篇文章是一篇说明文，主要介绍了2016年里约奥运会和残奥会的吉祥物。文章主要说明了两个吉祥物的名字、由来、外貌特征、文化内涵，以及使用其作为吉祥物的意图。

【Why】写作意图

作者介绍了2016年里约奥运会和残奥会的吉祥物，帮助更多人了解这两个吉祥物及其背后的文化内涵，吸引人们关注奥运会和残奥会。

【How】文体结构和修辞语言

这篇文章结构清晰，第一段介绍"Cat"和"Tree"分别是2016年里约奥运会和残奥会的吉祥物，以及其名字的由来。第二段分别介绍两个吉祥物的外貌特征。第三段采用主题句在段首的形式，重点介绍了两个吉祥物的文化内涵。"Cat"代表巴西的动物，喜欢冒险，并具有灵活的伸展能力。"Tree"的创意来自巴西雨林植物，象征生长、敢于克服困难的勇气。第四段说明设立两个吉祥物的目的是吸引更多人关注此次奥运会和残奥会。文章语言简洁，有很多表示寓意的词汇，如represent，stand for，most important symbols等。

三、教学设计

1. 教学目标

在本节课结束时，学生将能够：
① 通过阅读分析出2016年里约奥运会和残奥会的吉祥物的文化内涵。
② 运用所学语言知识和分析方法，阐释2008年北京奥运会吉祥物福娃

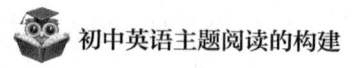

的文化内涵。

③对吉祥物文化有更加深入的理解。

2. 教学过程

【活动1】看图片,说出图片中吉祥物所代表的动物名称

学生看到1980年、1984年、1988年三届奥运会的吉祥物的图片,快速说出熊、鹰、虎三种动物的英语单词,并迅速进入奥运会吉祥物的话题。

【活动2】观看2016年里约奥运会吉祥物宣传视频,说出吉祥物的物品名称什么

学生观看2016年里约奥运会吉祥物的宣传视频,并请学生仔细观察此届奥运会的吉祥物,对它们有一种直观认识。

接下来,师生一起讨论2016年里约奥运会的吉祥物是什么。学生虽然看了视频,但是对第一个吉祥物是什么动物仍有不同意见,有的说是猫,有的说是猴子。而对另外一个吉祥物,则不能说出其名称。

【活动3】快速阅读文本,了解里约奥运会吉祥物和其成为吉祥物的原因

为了引导学生快速阅读文章,理解文章的主要内容,教师引导学生通过回答两个问题理解文章的主要内容:①What are the mascots of the Rio Olympic Games? ②Why can they become mascots?

两个问题都需要针对文本的主要内容进行信息的提取,学生能够从文本中找到两个问题的答案。

当学生不能确切地说出2016年里约奥运会吉祥物的名称时,学生自然会带着问题阅读文本,从文本中找出吉祥物的名称,并画线。

学生快速找到答案——猫和树。当教师追问是否是真的猫时,学生回答该吉祥物是猫、猴子和鸟的综合体。当学生解释它们成为吉祥物的原因时,学生找到了它们代表国家文化。因为原文中represent是个生词,教师顺势用stand for解释represent。

【活动4】仔细阅读文本,判断细节正误

学生仔细阅读文本,判断下面几句关于吉祥物的陈述是否正确,正确

的在括号内填"T"，错误的填"F"，并解释原因。在学生基于原文进行判断的过程中，教师巧妙地引导学生理解文中生词的意义。

① The "tree" is the mascot for the Olympic Games and the "cat" is the mascot for the Paralympic Games in Rio de Janerio. （　　）

② The two mascots are named after great musicians of Brazil. （　　）

③ The two mascots stand for Brazil's different animals and plants. （　　）

④ The Olympic mascot can stretch its arms and legs as much as it wants when it looks for food. （　　）

⑤ The mascots are one of the most important symbols of the Games. （　　）

答案：①F　②T　③T　④F　⑤T

【活动5】阅读文本，深入思考并讨论2016年里约奥运会吉祥物的文化内涵

在细致阅读了关于吉祥物的介绍文章后，教师引导学生深入思考2016年里约奥运会吉祥物的文化内涵。教师提出了统领性问题和支撑性问题来引导学生思考。

统领性问题：

Why do the mascots represent the rich cultures and the people? Think about this question.

支撑性问题：

① Why are the two mascots named after great musicians of Brazil?

② Can we use other colors to replace yellow and green? Why or why not?

③ Why is the Olympic mascot a mixture of cats, monkeys and birds, not a mixture of other animals?

④ How do you understand the following two sentences?

The Olympic mascot can stretch its arms and legs as much as it wants when it takes adventures.

The magical plant is growing toward the sun and overcoming difficulties.

支撑性问题是统领性问题的四个回答维度。具体来说，吉祥物代表着丰富的文化，人们可以从吉祥物的命名、颜色，吉祥物的组合动植物及其

象征意义来了解吉祥物的特点。

学生阅读文章，并思考吉祥物的文化内涵。课堂上，学生在本环节的理解中遇到了很大的困难。

在回答为什么2016年里约奥运会的吉祥物以巴西音乐家的名字命名时，课堂出现了沉默。教师提示：音乐能代表巴西文化吗？学生依然没有思路，直到教师提示他们是否听过桑巴，学生才点头。教师继续提示：如果一个国家的人民喜欢唱歌、跳舞，这说明他们是……时，学生终于理解了吉祥物以音乐家的名字命名，是承载了音乐文化和快乐民族的文化内涵的。

关于2016年里约奥运会吉祥物的颜色是否可以用其他颜色替代这一问题，学生快速地回答：不可以。因为这两种颜色是巴西国旗所拥有的颜色，即代表着巴西这个国家的颜色。教师补充说黄色代表地球，绿色代表森林。

关于2016年里约奥运会的吉祥物为什么是猫、猴子和鸟这三种动物的综合体这一问题，学生尝试了几种回答。有的说这几种动物很活跃，教师举例说狗、兔子也活跃后，学生不再坚持活跃这一理由。当教师追问这几种动物有什么特别之处，并启发学生想一想中国的代表动物是什么时，学生回答是大熊猫，但也没有多大帮助。最后教师出示了三种巴西特有的动物的图片：豹（Leopards）（猫科动物）、蜘蛛猴（spider monkeys）（猴类）和金刚鹦鹉（macaws）（鸟类），并解释这三种动物是濒危动物，2016年巴西奥运会的吉祥物就是这三种动物的综合体。同时，教师解释独特性是吉祥物的一个特征。

对于问题④那两句话的理解，学生能够在教师的启发下，理解take adventure, overcoming difficulties代表着勇敢的精神，stretch its arms and legs as much as possible代表着尽最大努力超越的精神。

接下来，教师引导学生总结吉祥物代表巴西文化和人民的思维角度：名字、颜色、独特性和象征意义。

【活动6】讨论、阐释2008年北京奥运会吉祥物的文化内涵

为了巩固学生对奥运会吉祥物如何承载一个国家的文化的理解，教师引导学生通过讨论的形式，思考2008年北京奥运会吉祥物福娃的文化内涵，以此思考和了解他们身上所承载的我们国家的文化。

学生以小组为单位，讨论2008年北京奥运会的吉祥物贝贝、晶晶、欢欢、迎迎、妮妮的文化内涵。

从现场讨论来看，学生能够从福娃的图片看出它们代表的分别是鱼、大熊猫、奥运圣火、藏羚羊、京燕。当教师追问为什么有四个福娃代表这些动物时，学生能够从这些动物的独特性来思考问题。他们能够理解大熊猫是国宝动物，藏羚羊是我国青藏高原特有的保护动物。在谈到吉祥物的寓意时，学生在教师的提示和帮助下，能够理解鱼是取其谐音"余"，"富有"含义；燕代表"燕京"（古代北京的称谓），同时，燕子的创意来自沙燕风筝，代表着北京的沙燕文化。

【活动7】布置作业

学生选择设计班级吉祥物或2020年北京冬奥会吉祥物，并阐释其文化内涵。在布置作业时，给学生呈现非常详细的作业要求。学生需要画出吉祥物，并阐释意义。具体要求如下：

① 吉祥物可以是真实的动物，也可以是虚拟动物。

② 吉祥物最多可以组合三种动物的特征。

③ 吉祥物必须代表所在班级的文化内涵和学生特征。

四、板书设计

The Mascots of the Rio Olympic Games

Mascots	Cultural meaning	People
Name	Music	Happy
Color	National color	
	Earth, Forest	
Uniqueness	Endangered animals	
Symbol	Brave, Adventurous, Sunny	

五、教学效果评价

除了进行课堂观察外，笔者在下课前请上课的34名学生及时填写了一份简单的笔答问卷，以便了解学生在本节课中印象最深刻的地方和需要改进的地方。

针对印象最深刻的地方的笔答问卷，使用许家金等研发的Qualitative Coder软件进行统计的结果见表7-1。29人中，有9人对2016年里约奥运会吉祥物的文化内涵印象深刻，他们喜欢这两个奇特的吉祥物及其象征意义；有8人对2008年北京奥运会吉祥物福娃的文化内涵印象深刻；有7人对本节课中教师引导学生理解吉祥物文化内涵的目标和与学生的互动方式印象深刻；有5人对读前播放的2016年里约奥运会吉祥物的宣传视频印象深刻。

表7-1　学生对吉祥物一课印象最深刻的地方

No.	Name	Tag Set	Freq.	Count	Tagged Text (s)
1	视频	<视频>…</视频>	5	5	课前的小视频（1） 音乐视频（1） 吉祥物的短片（1） 奥运会吉祥物的短片（1） 巴西奥运会吉祥物的短片（1）
2	里约奥运会吉祥物内涵	<里约奥运会吉祥物内涵>…</里约奥运会吉祥物内涵>	9	9	吉祥物巧妙的构思（1） 吉祥物的样子（1） 象征着巴西的人民与文化（1） 深刻地记住了"吉祥物"这个词（1） 里约奥运会吉祥物的象征意义（1） 里约奥运会吉祥物的来历（1） 奥运会吉祥物"Vinicius"和"Tom"（1） 巴西的吉祥物（1） 里约奥运会那两个奇特的吉祥物（1）
3	福娃内涵	<福娃内涵>…</福娃内涵>	8	8	2008年北京奥运会吉祥物的寓意（1） 吉祥物福娃的含义（1） 中国吉祥物（1） 中国福娃的意义（1） 北京奥运会的福娃（1） 5个福娃代表的意义（1） 福娃的含义（1） 北京奥运会吉祥物福娃的含义（1）

续表

No.	Name	Tag Set	Freq.	Count	Tagged Text(s)
4	教师引导	<教师引导>…</教师引导>	7	7	老师全用英文上课（1） 老师说的全是英文（1） 上课问答环节（1） 老师和大家互动得很好（1） 更深一层了解了奥运会吉祥物（1） 老师带领学生一起阅读课文（1） 老师的上课风格（1）

可见，学生对吉祥物的内涵比较感兴趣，本节课丰富了学生对承载文化内涵的吉祥物的了解。但是，学生对于本节课需要改进的地方也提出了自己的建议。归纳这些建议，主要有以下几点：①阅读材料难度有点儿大，②课堂气氛不十分活跃，③教师提问范围不广泛，④与学生的互动方式单一，希望多一些学生之间的讨论，⑤在理解吉祥物外形特征背后的内涵时，所涉及的关于巴西的背景知识超出了学生的认知范围，导致课堂生成难以达到。可见，课堂阅读教学的设计应该用背景知识来促进阅读，背景知识的缺失会抑制阅读，时间久了，学生会对阅读失去兴趣。

第二节　中国传统文化物品之美

本节的内容是人教版英语九年级Unit 5.What Are The Shirts Made of? Section B的阅读文章*Beauty in Common Things*。本案例是笔者基于指导的首都师范大学附属中学徐静老师开展的一节研究课录像整理而成的。

一、教学文本

Beauty in Common Things

Each different part of China has its own special forms of traditional art. These usually try

> MOVING FROM GENERAL TO SPECIFIC
> A general introduction of the topic is usually followed by specific details and examples.

to show the things that are important in life, such as love, beauty and family. The most common things, from paper to clay to bamboo, are turned into objects of beauty.

According to Chinese history, sky lanterns were first used by Zhuge Kongming. He sent them out to ask for help when in trouble. Today, sky lanterns are used at festivals and other celebrations. They are made of bamboo and covered with paper. When the lanterns are lit, they slowly rise into the air like small hot-air balloons for all to see. They are seen as bright symbols of happiness and good wishes.

Paper cutting has been around for over 1,500 years. Paper cutting sounds very easy but it can be difficult to do. The paper, usually red, is folded before it is cut with scissors. The most common pictures are flowers, animals, and things about Chinese history. During the Spring Festival, they are put on windows, doors and walls as symbols of wishes for good luck and a happy new year.

Chinese clay art is famous because the clay pieces are so small but they look very real. The pieces are usually cute children or lively characters from a Chinese fairy tale or historical story. The pieces are carefully shaped by hand from a very special kind of clay and then allowed to air-dry. After drying, they are fired at a very high heat. They are then polished and painted. It takes several weeks to complete everything. These small pieces of clay art show the love that all Chinese people have for life and beauty.

二、文本分析

【What】主题意义和主要内容

这篇文章是一篇说明文，首先介绍中国不同的地方有不同的传统艺术，这些传统艺术展现了人们生活中最重要的东西，如爱、美和家庭，然后点明用普通材料纸、泥和竹子可以制成艺术品。

接下来，作者分段介绍了孔明灯、剪纸和泥塑这三种传统文化物品。在介绍孔明灯时，作者介绍了孔明灯的使用场合、材料、燃放方式及其寓意。在介绍剪纸时，作者介绍了剪纸的制作、常见剪纸图案和寓意。在介绍中国泥塑时，作者则介绍了泥塑的图案和制作工艺流程，以及内涵。

【Why】写作意图

作者通过对三种美妙绝伦的传统文化物品的介绍，帮助人们了解这些传统文化物品的材质、工艺、使用场合，并了解其寓意是表达人们对美好生活的热爱、愿望和向往，同时，也对中国传统艺人精湛的技艺和智慧表示赞叹。

【How】文体结构和修辞语言

全文按照总分的形式展开，文章结构清晰、层次分明。第一段介绍中国各地有不同的艺术形式，这些艺术形式都是用普通材料制成了美丽的艺术品。然后，在第二至四段分别介绍了孔明灯、剪纸和泥塑的发明历史、使用场合和寓意。文中使用了大量的一般现在时和一般过去时的被动语态结构，例如，be made of，be put on windows，doors and walls，be carefully shaped by hand，be polished and painted. 在介绍传统文化物品的文化内涵时，使用了表达象征意义的句式，例如，be seen as bright symbols of happiness and good wishes，as symbols of wishes for good luck，show the love 等。

三、教学目标

在本节课结束时，学生将能够：

① 阅读并获取文本中三种传统文化物品的相关内容及其所承载的内涵。

② 能用一般现在时和一般过去时的被动语态描述三种传统文化物品的原材料、产地和历史等基本信息及其象征意义。

③ 用英语描述孔明灯、剪纸和泥塑等中国传统文化物品，并加强对我国传统艺术和文化形式的认同感。

四、教学过程

整节课的课堂教学流程见图7-1。

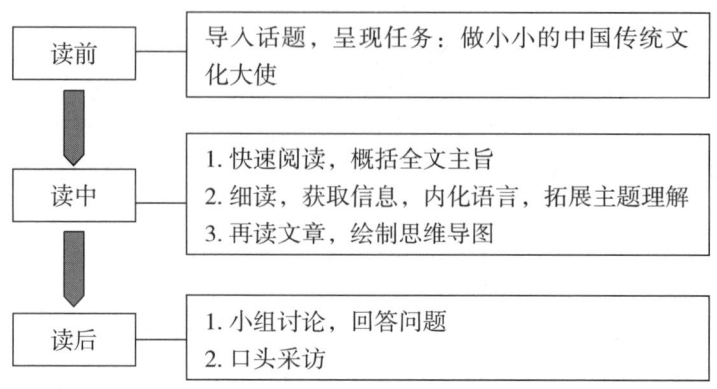

图7-1 课堂教学流程图

【活动1】导入话题，呈现任务

教师呈现习近平主席夫人彭丽媛向外国友人介绍中国书画、丝绸艺术品、京剧等图片，引入主题阅读的话题"Traditional art"。学生看到这些图片时，不由自主地发出赞叹。

接下来，教师向学生提出任务——做一个小小的中国传统文化大使。同时，请学生思考当一个中国传统文化大使需要具备哪些知识与能力。学生当堂想出如下知识与能力：了解中国传统艺术形式，善于与人沟通交流等。

【活动2】快速阅读，概括全文主旨

教师请学生快速阅读文章并概括全文主旨。

学生认为文章的主旨是关于日常生活中普通物品之美（beauty in common things in our daily life），并列举了孔明灯、剪纸、泥塑这三种传统文化物品。教师进一步追问学生文章是关于哪些艺术形式时，学生回答是中国传统艺术形式。教师趁机引导学生概括文章主要内容，即传统艺术形式是将普通物品打造成精美之物。

【活动3】细读第一段，了解常见传统艺术物品的名称

教师接下来追问学生常见的物品有哪些，学生最初认为孔明灯、剪纸和泥塑是常见物品，但当教师提醒学生再次仔细阅读第一段时，学生找到了常见的物品是纸（paper）、泥（clay）和竹子（bamboo）。同时，教师用

PPT呈现了由这些物品做成的三种艺术作品，帮助学生鲜活地感受到了传统艺术创造的美。

【活动4】细读第二段，概括孔明灯的历史，获取其发明的细节

教师引导学生细读第二段，概括段落主旨以及作者是从哪些方面进行描述的。

有学生认为第二段讲述了孔明灯的历史、使用方法及其象征意义。教师顺着学生的回答，将其概括成孔明灯的历史和现状。接下来，教师引导学生进一步阅读，并从who，how，what，when，why的角度获取孔明灯的发明细节。学生阅读后，师生一起梳理上述信息。学生快速找到了孔明灯的发明者。但在提炼发明过程（how）时，学生只能从文本中找到一句话：According to Chinese history, sky lanterns were first used by Zhuge Kongming. He sent them out to ask for help when in trouble. 于是，教师通过一组图片呈现了历史上诸葛孔明与司马懿打仗的情景，并请学生根据图片，使用时间线索词（during，once，so，finally）和情景话题词汇（the Three Kingdoms Period，be trapped，send ... out to ask for help，get rescued）讲述当时的情景，有效地再现了孔明灯的发明过程。接下来，教师引导学生继续获取孔明灯的制作材料、燃放场合和发明原因等信息，学生非常轻易地从文中获取了相关信息。最后，教师简单小结孔明灯的发明过程。

【活动5】观看剪纸视频，回答问题

学生观看视频，能够从视频中轻松获取信息，了解剪纸的发明起源、剪纸图案的来源和寓意。对视频的观看，让学生对于剪纸的发明过程有了更加深刻的印象。

学生观看视频前浏览如下问题：

① What's the origin of paper cutting?
② How to identify a smart woman?
③ Where do paper cutting patterns come from?
④ What ideas does paper cutting express?

【活动6】细读第三段，概括主要内容，获取细节信息

等学生通过视频对剪纸的发明有了感性认识后，学生阅读课文第三段，概括该段的主要内容。学生很容易就概括出该段主要介绍了剪纸的历史、制作、特点和象征意义。

接下来，学生回答有关剪纸的更多细节问题。这些问题主要涉及剪纸出现的时间、制作工具和使用场合。具体问题如下：

① Paper cutting appeared in _____.

  A. the Northern and Southern Dynasty

  B. the Qing Dynasty

  C. modern times

② The tools for cutting paper are _____.

  A. knives

  B. scissors

  C. machines

③ Paper cutting pictures are mostly used during _____.

  A. Mid-autumn Day

  B. the Spring Festival

  C. the Dragon Boat Festival

答案：①A　②B　③B

关于剪纸出现的时间，学生从文中只能找到这样的细节：Paper cutting has been around for over 1500 years，还需要依据历史朝代知识来判断剪纸出现的具体时间，体现了跨学科知识的融合。对于剪纸的制作工具和使用场合，学生可以从文本中快速找到依据。

【活动7】同伴活动，讲述剪纸的含义

学生两人为一组，讲述下列剪纸图案的含义。

图7-2 剪纸图案

这些剪纸图案在生活中比较常见，学生相对熟悉它们的寓意，但是可能没有尝试过如何用英语表达其内涵。有了这样的机会后，课堂上的讨论气氛非常活跃，学生一边讨论这些剪纸图案的字面意思，一边试着用英语表达其内涵。最后，全班学生对这些剪纸的内涵达成一致的解释：马到成功可以解释为"achieving immediate and every success"；门神的寓意为"keeping evil spirits from entering the houses"；有一个学生将福禄寿剪纸的寓意概括为"rich and long life"，教师引导学生将其提升为"enjoying fortune and longevity"；最常见的剪纸图案年年有余的寓意为"enjoying prosperity year after year"；两只鸳鸯在汉语中的寓意为"romantic love in Chinese culture"；而面对带着喜字的龙凤呈祥剪纸图案，一个学生认为这是关于新年祝福的剪纸，"You can have a great next year, best wishes and happy new year"；另一个学生迫不及待地纠正为"good wishes for the new couple, have a great marriage"，大家纷纷赞同第二个同学的看法，教师解释生词龙（dragon）和凤（phoenix），最终对其寓意达成共识："Prosperity brought by the Dragon and the Phoenix symbolizes a happy marriage。"在这个环节，学生的背景知识被充分激活，对剪纸的使用及其寓意理解的讨论将课堂气氛推向了高潮。

【活动8】细读第四段，概括其主要内容

学生阅读第四段，很容易就概括出该段主要介绍了泥塑有名的原因、主要特征、制作过程和象征意义。

【活动9】讲解泥塑的制作过程

学生再读第四段,介绍一件泥塑的制作过程。教师首先只呈现了图7-3中的图①和图⑥,并请学生准备按图①到图⑥的顺序介绍一件泥塑作品的制作过程。在学生讲述泥变成泥塑的过程时,教师补充呈现图②至图⑤,并同时给出时间线索提示词first,then,after drying,at last,帮助学生讲解泥塑作品的制作过程。学生讲到一个制作过程,教师就适时呈现关于制作过程的提示词be shaped,be dried,be fired,be polished and painted来替代图片。这样做的目的,一方面是提醒学生准确使用相应的词汇,另一方面也是提醒学生应该使用被动语态来描述泥塑的制作过程。

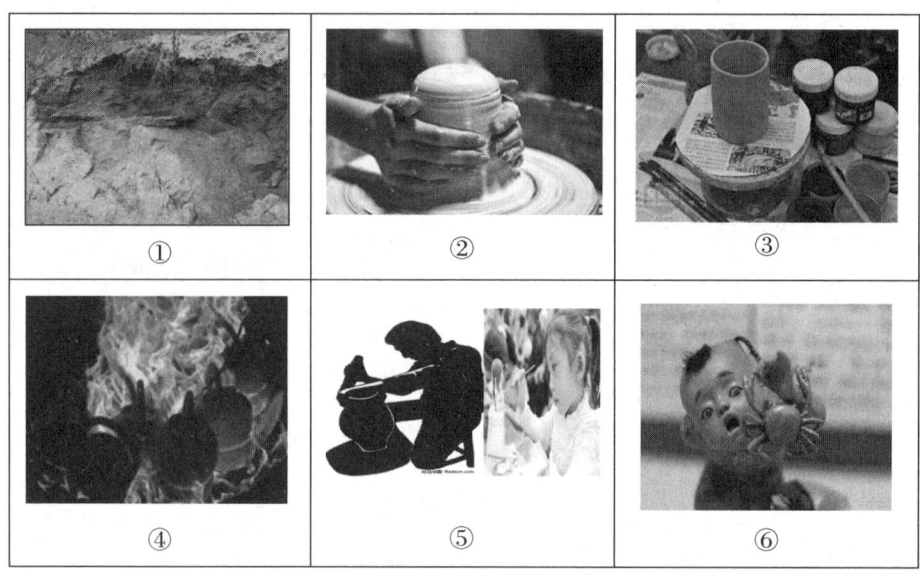

图7-3 泥塑的制作过程

【活动10】阅读全文,绘制文章的思维导图

在细读了文章,获取了主要信息,并对每种传统文化物品的重点部分进行了语言输出的练习后,教师引导学生再次阅读全文,绘制文章的思维导图。学生在自己的草稿本上绘制思维导图,教师随机请两位学生到黑板上绘制思维导图。两位学生绘制的思维导图如下:

Beauty in Common Things

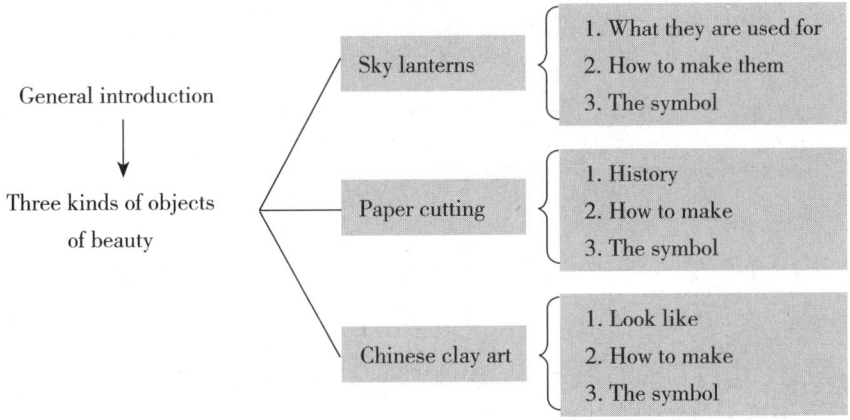

图7-4 思维导图1

Beauty in Common Things

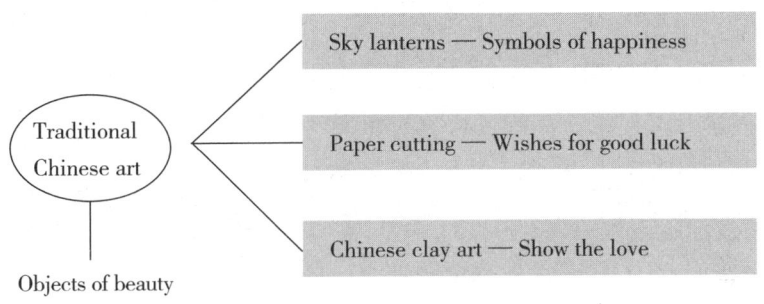

图7-5 思维导图2

从两位学生绘制的思维导图来看，学生理解了本节课的主旨，介绍了三种传统文化物品，同时，也能准确获取每一种传统文化物品的细节。绘制完思维导图后，教师引导学生根据思维导图讲述文章的主要内容。

【活动11】小组讨论，回答问题

学生四人为一组，讨论、回答下面的问题：

① What does beauty refer to?

② Why do you think traditional Chinese art is important?

③ How can we promote（弘扬）traditional Chinese art today?

针对问题①美的内涵，教师首先引导学生从文章中三种传统文化物品所传递的美说起，学生认为孔明灯的美在于其是幸福和美好愿望的象征，新年贴的剪纸是对新年好运和新年快乐的祝愿，泥塑传递的是中国人对生活和美的热爱。接下来，教师请学生说一说自己对美的理解，有的学生认为美在于美好的愿望，希望新的一年越来越好，好运常在；也有学生认为美在于传递和平与关爱。

针对问题②中国传统艺术重要的原因，有学生认为中国传统艺术是中国人的象征；有学生认为它是中国人对过去的美好回忆，值得珍藏；也有学生认为，它是古代人智慧的传承；更有学生认为，它是中国人智慧和技艺的象征，是文化和习俗的传承，等等。

针对问题③如何弘扬中国传统艺术，学生想出了很多做法。其中，学生自己可以做的有：参观传统艺术博物馆，在日常生活中经常谈论传统艺术；学校可以做的有：开设传统文化课程、传统艺术课程等；政府可以做的有：加大宣传力度，宣传传统艺术家。教师最后还补充说，可以举办传统艺术展览并把传统艺术和文创产品相结合。

【活动12】口头采访

学生四人为一组，按照表7-2的分工进行口头采访活动。教师给学生做如下角色分工：一人扮演ABC电视台的记者，另外三人扮演文化大使。"记者"就中国传统文化艺术形式对三位"大使"进行采访。Ambassador A负责介绍课文中提到的中国传统文化艺术形式，Ambassador B负责介绍中国其他地方的传统文化艺术形式，Ambassador C负责谈论中国传统文化艺术的重要性和宣传方式，激发世界各国人们对中国传统文化艺术的兴趣，欣赏传统文化物品之美。对每个小组进行评分的标准（每项满分为5分）见表7-3。

表7-2　Group Interview Roles

Group of 4	Tasks
Reporter	Interview the cultural ambassadors about the traditional Chinese art forms. (Pay attention to communicating with them)
Ambassador A	Introduce the traditional art forms mentioned in the text (such as sky lanterns, paper cutting and clay art)
Ambassador B	Introduce other traditional Chinese art forms in different parts of China.
Ambassador C	Talk about the importance of traditional Chinese art and the ways to promote it today. Call on people around the world to take interest in traditional Chinese art and appreciate beauty in common things.

参考词汇：Beijing Opera masks，Chinese paintings，Chinese calligraphy（书法），couplets（对联），Chinese embroidery（刺绣），shadowgraph（皮影戏），sugar paintings（糖画），Han Chinese clothing（汉服），blue and white porcelain（青花瓷），kites，etc.

表7-3　Peer Evaluation Form

Group	Content	Voice	Body Language	Cooperation	Total Score
Model	3	3	2	2	10

【活动13】教师小结

教师总结本节课内容，鼓励学生传承中国传统文化，并创造出更多的美。

【活动14】布置作业

Level A：What other beauty in common things can you find? Please write a Passage to introduce it，including at least 3 forms，the values and the ways to promote it.（Please use the strategy：From general to specific.）

Level B: Write a Passage to introduce traditional Chinese art, including at least 3 traditional Chinese art forms, the values and the ways to promote it. (Please use the strategy: From general to specific.)

五、教学效果评价

从课堂观察和教师访谈来看，本节课有以下优点：

1. 充分调用了学生的已有知识。本节课引导学生对蕴藏中国文化的传统文化物品之美进行了欣赏，完全基于学生的背景知识，并充分调动了学生的已有知识。学生的思想在课堂上处于一种自由交流碰撞的状态。当学生不知道这些传统文化物品的来历时，教师及时补充资料，满足了学生的探究欲望。

2. 活动丰富且有针对性、层次性，充分展现了学生对中国传统文化物品之美的探究过程。

参考文献

1. 谢锡金，林伟业. 提升儿童阅读能力到世界前列[M]. 北京：北京师范大学出版社，2013.

2. 中国大百科全书出版社编辑部，中国大百科全书总编辑委员会《教育》编辑委员会. 中国大百科全书：教育（2版）[M]. 北京：中国大百科全书出版社，1998.

3. 皮连生. 教育心理学（4版）[M]. 上海：上海教育出版社，2011.

4. [美]安德森（Anderson，L.W.）等. 布卢姆教育目标分类学：分类学视野下的学与教及其测评（完整版）（修订本）[M]. 蒋小平，等，译. 北京：外语教学与研究出版社，2009.

5. [英]哈默（Harmer，J.）. 怎样教英语[M]. 田贵森，导读. 北京：外语教学与研究出版社，2000.

6. [苏]Л. B. 赞可夫. 和教师的谈话[M]. 杜殿坤，译. 北京：教育科学出版社，1980.

7. 黄远振，兰春寿. 初中英语深层阅读教学模式研究[J]. 中小学外语教学（中学篇），2015（2）.

8. 王彩琴. 内容阅读教学：实现英语课程工具性与人文性统一的途径[J]. 课程·教材·教法，2012（6）.

9. 王蔷. 核心素养背景下英语阅读教学：问题、原则、目标与路径[J]. 英语学习（教师版），2017（2）.

10. 孟碧君. 从一次同课异构活动谈英语阅读素养在课堂教学中的落实[J]. 中小学外语教学（中学篇），2018（9）.

11. 张金秀. 以阅读素养推进中学英语阅读教学改进[J]. 英语学习（教

师版），2017（12）.

12. 周永华. 主题阅读的理念、流程及意义构建[J]. 教育研究与评论（中学教育教学），2012（10）.

13. 祝新华，廖先. 通过主题阅读提升学生的阅读素养：理念、策略与实验探索[J]. 教育研究，2013（6）.

14. 罗光辉，陈兵安，李奇志. 小学语文"坐标式"主题阅读教学研究与实践[J]. 当代教育理论与实践，2014（9）.

15. 侯嘉慧. 主题阅读：开放性英语阅读教学的新尝试[J]. 江苏教育（小学教学版），2012（13）.

16. 张会萍. 基于主题阅读的有效英语口语输出[J]. 苏州教育学院学报，2013（6）.

17. 孙铁玲. 指导初中英语教师开展主题阅读的设计与实施[J]. 基础外语教育，2016（4）.

18. 林崇德，胡卫平. 思维型课堂教学的理论与实践[J]. 北京师范大学学报（社会科学版），2010（1）.

19. 朱紫菁. 浅谈高中英语文本的多视角解读运用[J]. 中小学英语教学与研究，2015（7）.

20. 王蔷. 促进英语教学方式转变的三个关键词："情境""问题"与"活动"[J]. 基础教育课程，2016（5）.

21. 黄远振. 高中英语持续默读教学的理据与方法[J]. 中小学英语教学与研究，2015（8）.

22. 朱永生. 多模态话语分析的理论基础与研究方法[J]. 外语学刊，2007（5）.

23. 文秋芳. 在英语通用语背景下重新认识语言与文化的关系[J]. 外语教学理论与实践，2016（2）.

24. 李天紫. 论英语泛读教学的发展趋势[J]. 外语界，2007（6）.

25. 钮玉梦. 基于ARCS模型下的高中英语主题式阅读教学研究——以牛津模块三为例[J]. 当代教育理论与实践，2015（8）.

26. 王清，孙铁玲. 凄美有力，深度品读《二泉映月》——以人教版《英语》（*Go for it!*）九年级Unit 9 *Sad but Beautiful* 阅读课为例[J]. 英语学习（教师版），2019（7）.

27. 孙铁玲. 故事阅读教学中培养初中生思维品质的实践[J]. 中小学外语教学（中学篇），2018（4）.

后 记

这本书的诞生经历了充分的孕育。

2014年，当我对着同等学历硕士论文选题纠结时，我先生看了一眼我列出的潜在的研究题目，说道："研究问题要基于语言学习的实质，研究要与实际工作对接，解决教学中的真问题。"言外之意，他建议我不要研究那些虚头巴脑的内容。于是，我重新思考教师工作中最亟待解决的问题。那一年，我带九年级的教研工作。提起九年级的复习，我头脑中浮现的场景是教师早早地教完了九年级的课本内容，留下了大把的复习时间。复习中，教师经常会给学生发一些辅导资料，其中大部分内容为试题汇编或基础知识梳理，或给学生印发一些零散的学案等。而学生在复习课上做得最多的事情就是背单词，做语法练习题，做听说、阅读、完形填空、写作等专项练习题。毋庸置疑，以上的做法对学生取得好的考试成绩起着一定的作用，但是对于解决语言学习的实质问题的帮助却不是很大。那么，到底应该如何引导教师带领学生科学规划英语复习课呢？如何在九年级的复习阶段也能够按照新的课程理念进行复习，让学生在语用中提升语言综合运用能力，在能力提升中积累语言基础知识呢？如何让学生的英语学习少一点儿机械记忆，多一些有意义的构建呢？如何增加学生的语言输入，从而让语言输出水到渠成呢？这些问题在我的脑海中久久徘徊。

经历了反复思考和查阅了相关的文献资料之后，我确定了按照主题整合，系统规划，让九年级英语复习课程化的想法。我和九年级中心组的骨干教师交流了这一想法，他们纷纷表示赞成。于是，我在当年的海淀区九年级考试说明解读会上第一次提出并解读了主题阅读教学模式，同时组织、协调九年级中心组的骨干教师根据我搭建的思路初步整合了十个主题的阅读素材。为了测试构建的主题阅读教学模式的效果，我请北京十一实验中学（原北京市太平路中学）的于红老师先在自己任教的班级进行尝试，并将她的尝试经验与全区教师分享。起初，于红老师的学生的英语成绩在海淀区处于一般水平，而随着主题阅读教学模式的推进，当看到她引导学生在阅读中进行主题意义构建，其阅读材料旁边密密麻麻的工整批注时，当看到她的学生在主题阅读之后的写作课上行云流水的状态时，当听到她讲起学生对主题阅读的喜爱时，我们更加坚定了实践的步伐。

有了教师的初步尝试，接下来，我指导教师进行区级主题阅读研究课的探索。第一次承担区级主题阅读研究课的教师是北京市海淀区教师进修学校附属实验学校的姜慧和刘薇等教师。我和备课组的教师们系统思考以主题阅读为主线的单元课程，确定了"健康"的话题后，大家分头从各个渠道搜集到120余篇关于健康的阅读文章。接下来，我们开始进行单元整合。我们首先独立阅读所有语篇，然后，一起讨论筛选和整合素材的方式。经过激烈的讨论，大家将单元主题最终确定为"健康的生活方式"，该主题下又包含了"疾病与健康""情绪与健康""电子时代与健康""生活方式与健康"四个次主题，然后每个次主题下选定3~5篇支撑语篇。确定好单元主题体系后，接下来的备课就轻松了很多。主题阅读第一次研究课后，我采访了听课教师和学生，普遍大家反馈效果很好。在每周四的常规下校调研中，很多教师也纷纷尝试主题阅读研究课并主动反馈主题阅读实践的效果。看到教师们的反馈，听到课后学生依然进行主题阅读话题的延展讨论，我坚信我们开展主题阅读的路子是对的。

九年级的教研结束后，我于2015年9月开始带七年级的教研工作，同期我被选为北京市名师培养工程第二期学员，到北京外国语大学名师培养基地学习。基地的学习需要每位学员基于自己的工作开展课题研究。看到全区七年级学生的英语水平参差不齐，教材难以满足所有学生的需求时，我萌生了继续在七年级开展主题阅读教学的想法。在此期间，有幸由北京外国语大学的周燕教授担任我的理论导师，清华大学附属中学特级教师程惠云做我的实践导师，指导我开展初中英语主题阅读教学的设计与实施的课题研究。周燕教授做事严谨、认真，听了我的研究思路后，坚持要我拿出一个单元的设计初稿，作为主题阅读的pilot project（试点项目）。当我将pilot project主题阅读单元的设计拿出来时，她才放手让我开展此课题的研究。程惠云老师实践经验丰富，反复追问我课程设计的各个环节，指导我把课程的目标、内容、实施和评价都考虑到位。此外，北京外国语大学基地的杨鲁新、徐浩、张莲、文秋芳、韩宝成等老师在我课题研究的中期汇报、结题汇报等环节给了很多理论与实践的指导、方向的矫正、精神的鼓励。很幸运能得到这些老师的悉心指导和教诲，让我们的研究之路更加坚定，效果更加明显。

有了北京外国语大学基地导师们的指导，我指导教师们笃定实践，立足课堂，扎实推进。在新一轮七年级到九年级的教研工作中，我首先聚焦主题阅读的精读课，指导教师重点突破阅读教学模式化、不能真正让学生成为阅读主体的问题。通过反复实践和课例研究，北京市海淀区教师进修学校附属实验学校的丁翊达老师、刘润红老师承担了"运动"单元的主题阅读精读课研究课，在副校长刘艳老师、备课组长冯国蕊老师的带领下，他们在教学中巧妙创设情境，激发学生对文本的阅读欲望，实现了学生在阅读中主动提出问题，带着问题主动阅读，真正成为阅读主体的教学目标。课后，丁翊达老师坦诚地说："我这次上课实现了一个由教师主导学生阅读到激发学生自主阅读的突破。孙铁玲老师鼓励我放手，让学生在阅读中自己体味，我在几次试讲中一点儿一点儿突破，转变观念，引导学生学会提问，并最终在课堂中实现了学生自主提问，带着问题阅读。"

接下来，我指导教师尝试主题阅读的泛读课。在泛读课中，我希望教师跨越单一文本的界线，引导学生横向阅读多篇文本，横向构建文本间的联系，实现主题意义的整合。首都师范大学第二附属中学的李锐老师和北京外国语大学附属外国语学校的李广智老师承担了主题阅读泛读课研究课。在准备的过程中，李锐老师开玩笑说："我翻阅了很多杂志，还特意买了全国教学现场课比赛的研究课光盘，怎么就没有见过您所描述的'以学生为主体，横向建立文本联系'的泛读课论文和现场课光盘呢？"可见，在主题阅读泛读课的尝试上，我们这种做法比较新，还没有进行广泛实践。当我们看到学生在泛读课课堂上多维度横向建立文本联系，悟出多语篇共同体现的阅读主题时，内心无限满足和充盈。

在探索了主题阅读的精读课和泛读课后，我们的实践又转向了主题阅读中的以读促写——读写结合课。首先尝试读写结合课的是北京市第五十七中学的杜昕老师和李芳亚老师，她们承担了"科技点亮未来生活"主题的两节区级主题阅读泛读课和读写结合课。为了能够看到学生以读促写的实际效果，杜昕老师和李芳亚老师的区级研究课在同一个班级授课，观摩教师亲眼见证了学生在阅读课中的积淀转化为写作课框架搭建的思维启迪和语言迁移运用。此次写作的是记叙文，让学生畅想自己在2036年的生活并加以记叙。接下来，我又指导北京师范大学第三附属中学的时丽丽老师和菅贞老师继续尝试了说明文的主题阅读读写结合课，也取得了很好的效果。

在北京外国语大学名师培养基地学习结束时，周燕导师叮嘱我尝试一下主题阅读与文化的结合，她说文化是语言教学中非常重要的部分。韩宝成老师主张英语教学是"学语言、启心智、悟文化"。我在主题阅读研究中尝试精读课、泛读课和读写结合课时，也有意识地关注了主题阅读和文化意识形成之间的关系。因此，在每个主题阅读单元体系的构建中，我都会有意识地搜集与文化相关的素材并开展研究课。本书中收录了我指导首都师范大学附属中学徐静老师执教的"中国传统文化物品之美"和北京外国语大学附属外国语学校李广智老师执教的"吉祥物的文化内涵"的两节研究课，前者聚焦了中国传统文化物品之文化内涵和精美技艺；后者剖析了2016年里约奥运会和残奥会吉祥物中所蕴含的巴西文化底蕴。对文化内涵的关注，极大地丰富了学生的英语学习。

到了九年级，英语教学中又遇到了一个难题：九年级第一学期结束后，一部分学生听说考试取得理想分数后，就不需要参加第二次听说考试。于是，取得理想分数的学生在上听说课时明显积极性不高，出现了一定程度的懈怠情绪。针对这一现象，我们尝试将主题阅读与听说课相结合，充分利用听说资源，丰富语言输入形式，增加多模态话语输入。北京市八一学校的张玥老师承担了主题阅读听说课的探索，又一次丰富了我们的主题阅读理念与实践经验。

  回首过往的五年，我收获了太多的感动。感动于在主题阅读构建中给予我理论指导的诸位导师，是你们的鞭策、鼓舞和及时的点拨指引着我不断向前探索，渐进发现主题阅读的无穷宝藏；感动于在主题阅读实践中积极探索、勇于开拓的教师们，是你们的永不言弃、辛勤探索，让我的想法最终能够在课堂上得以实现，进而激发了学生的阅读热情，提升了学生的学习动力和自我效能感；感动于观摩和自主实践主题阅读教学的教师们，是你们每次积极参与主题阅读研究课的观摩，在评课、议课中真实表达自己的想法，激励和促进了我们的思考并不断完善。

  在此书的孕育过程中，北京外国语大学的杨鲁新教授和北京市海淀区教师进修学校课程中心的李辉博士对本书的整体框架提出了非常宝贵的建议，在此真诚地表示感谢！

孙铁玲

2019年5月